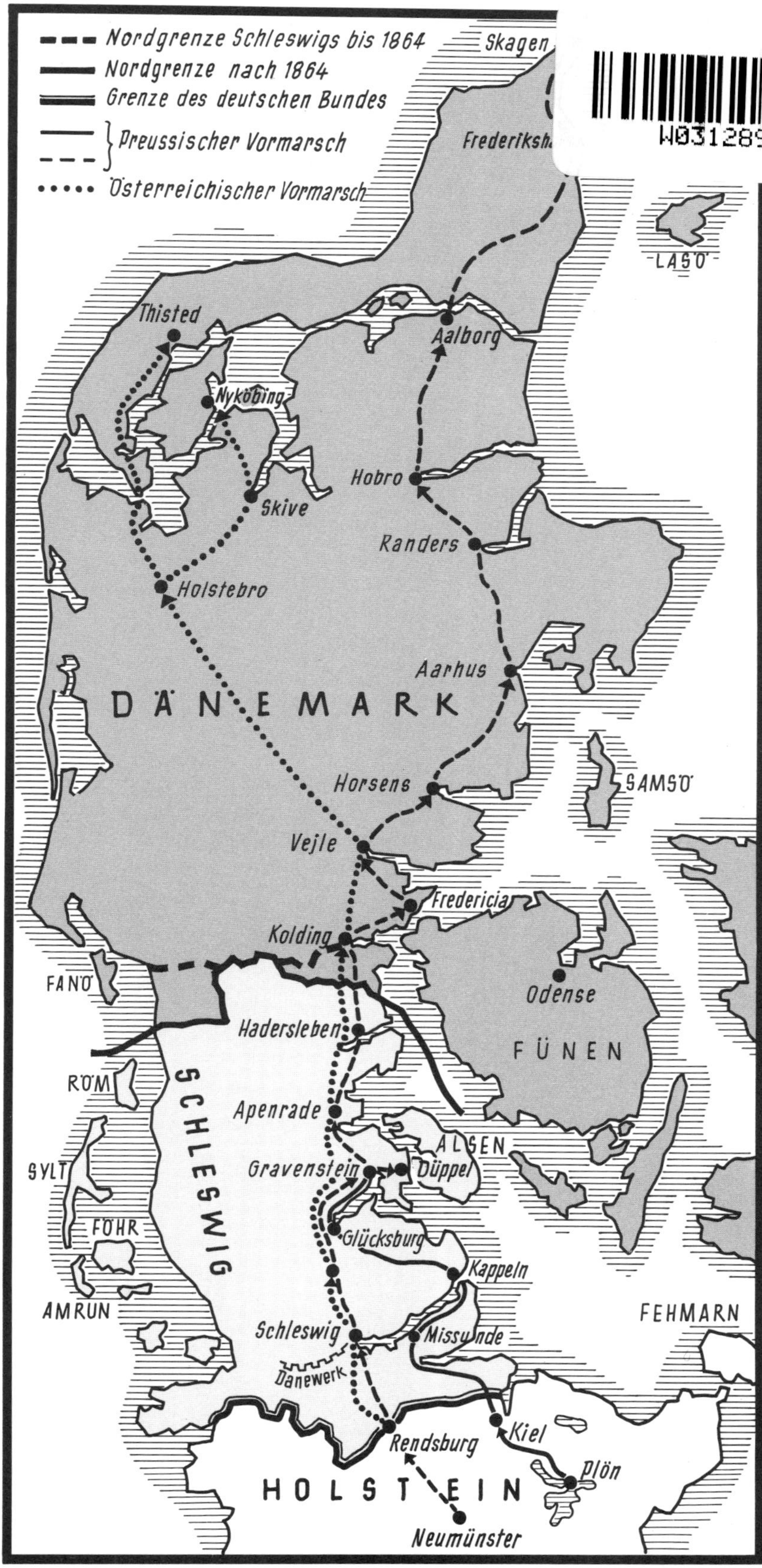

Nordgrenze Schleswigs bis 1864
Nordgrenze nach 1864
Grenze des deutschen Bundes
Preussischer Vormarsch
Österreichischer Vormarsch
Skagen
Frederiksh
LÄSÖ
Thisted
Aalborg
Nyköbing
Hobro
Skive
Randers
Holstebro
Aarhus
DÄNEMARK
SAMSÖ
Horsens
Vejle
Fredericia
Kolding
FANÖ
Odense
Hadersleben
FÜNEN
RÖM
SCHLESWIG
Apenrade
ALSEN
SYLT
Gravenstein
Düppel
FÖHR
Glücksburg
Kappeln
AMRUN
FEHMARN
Schleswig
Missunde
Danewerk
Kiel
Rendsburg
Plön
HOLSTEIN
Neumünster

Winfried Vogel · Entscheidung 1864

Winfried Vogel

Entscheidung 1864

Das Gefecht bei Düppel im Deutsch-Dänischen Krieg und seine Bedeutung für die Lösung der deutschen Frage

Bernard & Graefe Verlag

Abbildung des Schutzumschlages nach einem zeitgenössischen Stich von Wilhelm Camphausen in »Ein Maler auf dem Kriegsfelde«. 1864.

Bildnachweis:
Farbfotos: Archiv des Verfassers
S/W-Fotos: Bundesarchiv Koblenz (10), Bundesarchiv/Militärarchiv Freiburg (1), Archiv Ortenburg (2), Sammlung Rosenborg (Nationalhistorisches Museum Frederiksborg) (1).

Herstellung und Layout: Walter Amann, München
Lithos: Repro GmbH, Ergolding/Landshut
Satz, Druck und Bindung: Isar-Post GmbH, Landshut
Printed in Germany

ISBN 3-7637-5840-2

Für Maya

Erfahrungen nützen gar nichts, wenn man sie nicht durchdenkt, sie innerlich verarbeitet und anzuwenden sucht.

Friedrich der Große

Inhalt

Einleitung

Nahezu vergessen und aus dem Blickwinkel des historischen Interesses gerückt ist ein Krieg, den drei europäische Großmächte — Österreich, Preußen, Dänemark — gegeneinander führten, in den drei weitere — England, Frankreich, Rußland — verwickelt waren und in dem eine Reihe anderer Staaten, kleine und große, leidenschaftlich Stellung bezogen: der sogenannte deutsch-dänische Krieg von 1864.
Wir werden sehen, daß er zu Unrecht in die historische Abstellkammer des 19. Jahrhunderts gelegt wurde. Eigentlich ist er nur durch die Überbetonung der nationalen Interessen und Stimmungen in die Schatten der Kriege von 1866 und 1870 geraten.
Die schiefe Betrachtung zeigt sich schon in der objektiv falschen Bezeichnung als »Deutsch-Dänischer« Krieg. Es war ein preußisch/österreichisch/deutscher Krieg gegen Dänemark, in dem sich viele europäischen Interessenlinien schnitten.

Es gibt eine Reihe von Gründen, die auch jenseits des touristischen Reizes einer Wanderung über das Schlachtfeld von Düppel diesen Krieg zwischen heutigen Partnern der NATO interessant, ja sogar aktuell machen:

- Er ist, historisch und auch ein wenig nostalgisch gesehen, Europas letzter Kabinettkrieg im klassischen Sinne. Der deutsche Krieg 1866 hat bereits Züge eines Volkskriegs, der Krieg 1870 der deutschen Staaten gegen Frankreich ist einer.
- Er ist der letzte Krieg, den unser heutiger Bündnispartner Dänemark nach einer rund tausendjährigen Reichsgeschichte militärisch aktiv geführt hat.
- Er ist ein Koalitionskrieg mit all seinen Stärken, Schwächen und Finessen.
- Wie kaum ein anderer Krieg zeigt er, wie nationale Legenden entstehen — wer kennt nicht den Pionier Klinke? Wir werden sehen, was es damit auf sich hat.
- Das Verhältnis von Kriegführung und Politik macht diesen Krieg lehrreich, Bismarcks Eingriffe in die Kriegführung, die Abhängigkeit von internationalen Konstellationen lassen sich gut studieren.
- Es ist ein Krieg in einer Zeit des Umbruchs. Neue Techniken (Hinterlader-Waffen) und neue Taktiken treten in Erscheinung.

1848–1864: Die Vorgeschichte

Die sogenannte »schleswig-holsteinische Frage« ist ein Kristallisationspunkt vieler politischer Interessen:

- Der neue preußische Ministerpräsident Bismarck sieht in ihr eine Chance, Preußens Territorium zu vergrößern.
- Die liberale Nationalbewegung sieht in ihr eine Chance der politischen Einigung Deutschlands und der Zusammenführung aller »deutschen Stämme« in einem Staatsverband.
- Die internationalen Mächte — voran England, Rußland und Schweden — sind daran interessiert, daß alles beim alten bleibt.

Es handelt sich politisch und auch staatsrechtlich um eine der kompliziertesten Fragen in den Staatsbeziehungen des 19. Jahrhunderts. Der englische Außenminister, Lord Palmerstone, hat es einmal so glossiert:
Nur drei Männer hätten diese Frage in all ihren Verästelungen erfaßt. Der eine sei tot, der andere darüber verrückt geworden, der dritte, er selber, habe alles wieder vergessen.

Die verwickelte, zum Gordischen Knoten geschnürte Geschichte des Schleswig-Holstein-Problems reicht zurück bis in die Zeit der salischen Kaiser, also ins 11. Jahrhundert.
Die gegen die dänischen Raubzüge gegründete Schleswigsche Mark, also das Gebiet zwischen Eider und Schlei, wurde von Kaiser Konrad II. im Jahr 1025 ausgerechnet Dänemark zum Lehen gegeben.
Die Eider wurde so zur Nordgrenze. 1110 wurde Adolph von Schauenburg zum Grafen von Holstein und Stormarn ernannt; sein Geschlecht begann in den folgenden Jahrhunderten selbständig zu regieren, sein Gebiet zu verteidigen und zu erweitern.
1459 starb Graf Adolf VII., der letzte regierende Schauenburger. Er hatte Schleswig als dänisches, Holstein als deutsches Lehen zusammen regiert.
Nach einigen Wirren um sein Erbe entschieden die schleswig-holsteinischen Stände sich für König Christian I. von Dänemark, der aus dem Hause Oldenburg stammte. In seiner »Wahlkapitulation« von 1460 steht der berühmte Satz, daß die Lande Schleswig und Holstein, obwohl unterschiedliche Lehen, »ewich tosamende ungedeld« bleiben sollten.
Die Könige von Dänemark waren so als Herzöge von Holstein deutsche Reichs- und später Bundesfürsten.
Es ist offensichtlich, daß die komplizierte Staatskonstruktion in einer Zeit zu Schwierigkeiten führen mußte, wo die Leidenschaften des Nationalismus die Völker Europas voneinander zu trennen begannen.

Im Zuge dänischer Bestrebungen, die Herzogtümer Schleswig-Holstein und Lauenburg enger an sich zu binden und damit dem dänischen Nationalgefühl entgegenzukommen, gibt es bereits 1848 die ersten Konflikte.
Die Schleswig-Holsteiner verlangen die Aufnahme Schleswigs in den Deutschen Bund*, die Gewährung einer schleswig-holsteinischen Verfassung und fordern ein deutsches Parlament. Im März 1848 konstituiert sich eine Versammlung aus Patrioten in Rendsburg, bildet eine provisorische Regierung, stellt Truppen auf, besetzt Kiel und Rendsburg. Der dänische König verweigert — zumindest für das Herzogtum Schleswig — einen Beitritt zum Deutschen Bund.
Der König von Preußen macht sich die Forderung der Schleswig-Holsteiner zu eigen, unterstützt den Herzog Christian von Augustenburg und erteilt seinen Truppen unter Feldmarschall Wrangel den Befehl, nach Holstein zu marschieren. Außerdem treibt er den Bund zur Hilfeleistung an.

Nach der Zerschlagung der Aufstandsbewegungen** in Deutschland und Österreich kommt es zu einer Art Koalitionskrieg gegen Dänemark. Die Dänen haben schon im April 1849 wieder die Feindseligkeiten gegen die Truppen der Herzogtümer aufgenommen. Ein Bundesheer unter dem preußischen General von Prittwitz rückt vor. Am 13. April 1849 werden die Düppeler Schanzen von den Bayern erstürmt, und deutsche Truppen kommen bis an die Wälle der Festung Fredericia. Dort werden sie vernichtend von den Dänen geschlagen. Preußen zieht sich zurück. Die schleswig-holsteinischen Patrioten bleiben allein. Im sogenannten Londoner Protokoll von 2. August 1850 regeln England, Frankreich, Rußland, Schweden und Dänemark die Verhältnisse im Bereich Schleswig-Holstein und Dänemark. Die Herzogtümer bleiben bei Dänemark. Der dänische König wird als Herzog von Holstein deutscher Bundesfürst.

---

* **Deutscher Bund:** Bei der Neuordnung Europas und Deutschlands auf dem Wiener Kongreß 1815 läßt der preußisch-österreichische Gegensatz und der Souveränitätsanspruch der deutschen Fürsten keine starke Reichsgewalt zu. Es gibt daher keine Neuauflage des Kaisertums.
»... zur Erhaltung der inneren und äußeren Sicherheit Deutschlands und der Unabhängigkeit und Unverletzlichkeit der deutschen Staaten« (Art. 2 Dt. Bundesakte) wird unter dem Einfluß des österreichischen Kanzlers, Fürst Metternich, der **Deutsche Bund** geschaffen. Er besteht aus 39 Mitgliedern. 35 Mitglieder sind Fürsten, darunter die Könige von Großbritannien für Hannover, von Dänemark für Holstein und der Niederlande für Luxemburg.
Als ständiger Gesandtenkongreß unter Vorsitz Österreichs wird in Frankfurt der **Bundestag** eingerichtet. Dieser kann bei wichtigen Entscheidungen zur **Bundesversammlung** (69 Mitglieder je nach Größe der Mitgliedsländer) erweitert werden.
Kontingente der Einzelstaaten bilden im Kriegsfall das **Bundesheer.**

** **Aufstandsbewegungen** gibt es während des Jahres 1848, beginnend im Februar in Frankreich, in vielen Hauptstädten der europäischen Staaten. Am 13. März kommt es zu Aufständen in Wien, am 18. März in Berlin, am 20. März in München.
In Wien wird Metternich gestürzt, in Berlin wird eine liberale Regierung eingesetzt, in München tritt König Ludwig I. zugunsten seines Sohnes Maximilian I. ab. Unruhen und lokale Aufstände breiten sich in allen deutschen Bundesstaaten aus (insbesondere Schleswig-Holstein, Baden, Sachsen). Sie werden letztlich durch Militär niedergeschlagen.

Die schleswig-holsteinischen Patrioten versuchen — unter Führung des vormals preußischen Generals Willisen — noch einmal gegen Dänemark zu kämpfen, werden aber am 24. und 25. Juli 1850 in der Schlacht bei Idstedt geschlagen.
Am 8. Mai 1852 erkennen die europäischen Großmächte — auch Preußen! — in einem zweiten Londoner Protokoll den Prinzen Christian von Glücksburg als präsumptiven Nachfolger Friedrich VII. und König des Dänischen Gesamtstaats an. Der erbberechtigte Herzog von Augustenburg läßt sich seine Erbfolgeansprüche abkaufen, Dänemark muß zusichern, daß die beiden Herzogtümer »Up ewig ungedeelt« bleiben.
Auch nach dem 2. Londoner Protokoll von 1852 bleiben die Herzogtümer, die man sich angewöhnt hat, die Elbherzogtümer zu nennen, ein neuralgischer Punkt der internationalen Politik Europas. Sie sind sozusagen die Vorwegnahme des späteren Balkankonfliktes, an dem sich der Erste Weltkrieg entzündet und dessen Probleme auch Hitlers Kreise im Zweiten Weltkrieg zumindest erheblich stören. Die konkurrierenden Nationalbewegungen sind ein Grund für permanente Unruhe. Die Tendenz der dänischen Nationalbewegung besteht darin, die Personalunion König von Dänemark und Herzog der drei Herzogtümer* zu einer Realunion auszuweiten, also die Herzogtümer entgegen den nationalen Verpflichtungen voll in den Dänischen Staat nach und nach einzugliedern. Am deutlichsten bekommt dies das Grenzland Dänemarks, das Herzogtum Schleswig zu spüren.
Es ist eine Ironie der Demokratiegeschichte, daß das erstarkende Zentralparlament in Kopenhagen einerseits als Motor für demokratische Verhältnisse und Zurückdrängung der Macht des Königs wirkt, andererseits jedoch keinem Versuch widerstehen kann, unter Aushöhlung internationalen Rechts, sich Gesetzgebungs- und Finanzrechte in den Herzogtümern einzuräumen.
Der deutsche Bund und die deutschen Signatarmächte protestieren dagegen seit 1855 mehrfach. Einig sind sich die Großmächte darin, das Problem nicht hochzuspielen. Die Krise eskaliert mehrfach, und im August 1858 sieht sich der Bundestag** gezwungen, dem Dänischen König mit der Bundesexekution in Holstein und Lauenburg zu drohen, falls er die gesamte Staatsverfassung für diese beiden Gebiete nicht wieder außer Kraft setzt. Friedrich VII. unterwirft sich dieser Drohung schließlich. Aber damit wird das Herzogtum Schleswig im Widerspruch zum Londoner Protokoll de facto von Holstein getrennt, was wiederum die Patrioten, die »Up ewig ungedeelten« auf den Plan ruft.
Auf deutscher Seite wird 1859 der deutsche Nationalverein gegründet, der

---

* Schleswig, Holstein und Lauenburg.

** **Bundestag:** Ständiger Gesandtenkongreß der Mitglieder des Dt. Bundes in Frankfurt. Im engeren, eigentlichen Bundestag haben die elf größeren Staaten je eine, die übrigen Staaten zusammen sechs Stimmen.
In der **Bundesversammlung** hat jedes Mitglied mindestens eine Stimme, die größeren bis zu vier.

Motor deutscher Nationalgefühle. Der Deutsche Bund betreibt seine wohlbegründete Interessenpolitik äußerst zögernd. Die Ankündigung der Bundesexekution von 1858 ruht bis 1863. Aber im Juli dieses Jahres sieht er sich angesichts der eskalierenden Verhältnisse gezwungen, das Verfahren wieder aufzunehmen und massive Forderungen an den König von Dänemark zur Rücknahme seiner Bestimmungen für die Herzogtümer zu stellen.
Mit diesen Forderungen hat wiederum der Deutsche Bund seine Kompetenzen überschritten: Einerseits gehört er nicht zu den Signatarmächten des Londoner Protokolls, andererseits wird die Autonomie Holsteins und Lauenburgs in der Substanz nicht angetastet. Dänemark droht mit dem Austritt aus dem Bund, falls es zu einer Exekution kommt.
Nun beschließt der Bundestag am 1. Oktober 1863 die Bundesexekution gegen Holstein und beauftragt neben den beiden deutschen Großmächten auch Sachsen und Hannover, diese zu vollziehen.

Die politische Konstellation bei Kriegsausbruch 1863/64

Politische Stimmungen und Strömungen

Als eine Art Ouvertüre für das erneute Aufbrechen politischer Leidenschaften in der Schleswig-Holstein-Frage erweist sich die durch Bismarcks starke Persönlichkeit bestimmte Haltung Preußens im polnischen Aufstand vom Januar 1863.

In der Alvenslebenschen Konvention stellt sich Bismarck fest an die Seite Rußlands (8. Februar), die öffentliche Meinung in Deutschland, aber auch in Westeuropa schäumt vor Entrüstung.

Frankreich überlegt, eine Hilfsarmee zu schicken, der britische Gesandte droht Bismarck mit der »Einmischung Europas«, der Preußische Nationalverein verdammt im Mai 1863 Bismarck, der »am Ruin der preußischen Staatsmacht« arbeite . . .

Österreich sieht mit Genugtuung den nationalen Widerstand gegen die preußische Politik und versucht, die Welle der nationalen Begeisterung in Deutschland zu nutzen. Kaiser Franz Joseph beruft die deutschen Fürsten zu einem Fürstentag nach Frankfurt (16. August 1863). Der Druck auf Preußen, dessen König sich gemäß Bismarcks Empfehlung weigert, an diesem Fürstentag teilzunehmen, wächst ins Unerträgliche: Die Reise des österreichischen Kaisers durch Deutschland nach Frankfurt gleicht einem Triumphzug, die deutsche Stimmung ist von Preußenhaß geprägt, der König von Sachsen erscheint im Auftrag des Kaisers beim König von Preußen, um ihn noch einmal zu bitten, nach Frankfurt zu kommen. König Wilhelm wird schwankend: »30 regierende Herren und ein König als Kurier!« wie kann man sich da weigern?

Der Fürstentag gilt als Erfolg Habsburgs. Die Reformbedürftigkeit des Deutschen Bundes wird festgestellt, die Idee der deutschen »Wiedervereinigung« kräftig unterstrichen.

In diese Stimmungslage hinein fällt das allmähliche Anheizen der schleswig-holsteinischen Frage. Am 30. März 1863 erläßt König Friedrich VII. von Dänemark seine Bestimmungen über die Einverleibung Schleswigs und die Neuordnung der Stellung Holsteins im dänischen Gesamtstaat. Am 1. Oktober beschließt der Deutsche Bund, die seit 1858 anhängige Bundesexekution auszuführen. Dänemark hat bis zur förmlichen Einleitung des Verfahrens neun Wochen Bedenkfrist. Das dänische Parlament bleibt hart: Am 13. November wird die neue Verfassung angenommen, zwei Tage später, am 15. November, stirbt König Friedrich VII., und die Nachfolgefrage bricht auf.

Zwar ist im Londoner Protokoll geregelt, daß Herzog Christian IX. von Glücksburg sein Nachfolger werden soll, jedoch fordert die nationale deutsche öffentliche Meinung sofort die Anerkennung des Herzogs Friedrichs VIII. von Augustenburg als des rechtmäßigen Erben von Schleswig und Holstein. Den von seinem Vater geleisteten Verzicht erklärt man für ihn als unverbindlich. Seine sofortige Einsetzung wird zur deutschen Ehrenpflicht erklärt, rasches und energisches Handeln wird von den deutschen Regierungen verlangt.
Herzog Friedrich VIII. wartet die Entwicklung der Stimmungslage in Gotha bei Herzog Ernst ab und registriert mit Genugtuung, daß der Großherzog von Baden ihn bereits als legitimen Nachfolger in Schleswig-Holstein anerkennt. Eine spontan zusammengetretene schleswig-holsteinische Landesversammlung leistet Friedrich VIII. den Treueeid. Die Mehrheit der deutschen Mittel- und Kleinstaaten erklärt sich für ihn und die Anerkennung eines selbständigen Fürstentums Schleswig-Holstein.
Das Londoner Protokoll scheint von der Welle der nationalen Emotion hinweggespült zu werden.
Von Preußen wird eigentlich erwartet, sich an die Spitze der nationalen Bewegungen zu setzen. Man hatte ja dort auch häufig argumentiert, daß die Verstärkung seiner Militärmacht letztlich auch nationalen deutschen Zielen dienen sollte. Nun beruft sich der preußische Regierungschef in einer Art Vollbremsung der nationalen Gefühle auf die »Heiligkeit internationaler Verträge«. Wie schwierig das ist, macht die Tatsache deutlich, daß das preußische Abgeordnetenhaus eine Resolution beschließt, die Ehre Preußens gebiete, für die Sache des Augustenburgers einzutreten. 500 Mitglieder deutscher Parlamente demonstrieren für die Rechte des Augustenburgers. Der deutsche Nationalverein (modern ausgedrückt: eine mächtige politische Interessen-Gewerkschaft) steht geschlossen hinter Herzog Friedrich VIII. Auch das Ausland zeigt sich interessiert: Kaiser Napoleon III. signalisiert Bismarck, daß er sich eine Teilung nach dem Muster Schleswig zu Dänemark, Holstein und Lauenburg zu Preußen vorstellen könne, England und Rußland sehen die gesamte Entwicklung mit Mißtrauen.
In dieser Situation nutzt Bismarck das positive Erstaunen Österreichs über die zurückhaltende Haltung Preußens aus, um ein Einvernehmen mit dieser Großmacht zu erzielen. Preußen und Österreich bringen alle Anträge im Frankfurter Bundestag zu Fall, die eine Verletzung des Londoner Protokolls zum Ziel haben.
Das Zusammengehen mit Österreich gelingt, aber Bayern folgt dem badischen Beispiel und erkennt den Augustenburger an, das preußische Abgeordnetenhaus versagt Bismarck die Zustimmung zu einer Anleihe zur Verstärkung der Militärmacht. Die öffentliche Meinung Deutschlands begrüßt daher auch, daß die vorgesehene Bundesexekution nicht den Großmächten, sondern Sachsen und Hannover übertragen wird.
Man kann die etwas unübersichtliche und sich in den Ereignissen überschlagende Lage so kennzeichnen: Die Klein- und Mittelmächte sowie die nationalen

Strömungen machen Stimmung, Preußen und Österreich schaffen die Fakten. Als letztes Faktum gilt das Ultimatum an Dänemark vom 16. Januar 1864, worin dieses aufgefordert wird, die Verfassung binnen 48 Stunden zurückzunehmen, andernfalls Österreich und Preußen die Eider überschreiten und mit der Besetzung des Landes beginnen werden.
In dieser politisch äußerst delikaten Situation wirkt Bismarck wie ein routinierter Artist, dem persönliche Gefahren, Täuschung des Publikums durch trickreiches Spiel Freude zu machen scheinen.
Was muß er neben politischen Strömungen noch alles an Verwandtschaftsbeziehung ausbalancieren:
Der Augustenburger Erbprinz hat den Rang eines preußischen Generals, wird von König Wilhelm I. geschätzt und ist mit dem preußischen Kronprinzen befreundet.
Dieser wiederum hat eine englische Prinzessin zur Frau, während der Prinz von Wales eine dänische Königstochter geheiratet hat.
Die Zarenfamilie ist dem Hause Oldenburg verbunden.

Dramatis Personae — Die handelnden Personen

Bei der Betrachtung der in diesem politischen Problem europäischen Formats handelnden Personen kommt der Historiker Golo Mann zu folgendem Ergebnis:

> »Von Anfang an hielt Bismarck sich den Partnern, mit denen er es freundlich oder feindlich zu tun hatte, für weit überlegen, und mit Recht; wozu nicht gar einmal so viel gehörte. Diplomaten sind ja im allgemeinen keine sehr bedeutenden Menschen; in der Wissenschaft wird schwieriger gedacht, in der Kunst schöpferischer gehandelt als in der Politik.«

Kaiser Napoleon hat seine politische Zielsetzung, Erfolge für Frankreich einzusammeln wo immer sie zu finden waren, recht kurzfristig angelegt. So gleicht seine politische Linie einem Zick-Zack-Kurs. Er will die Neuordnung Europas in Nationalstaaten unter starkem französischem Einfluß realisieren. Seine Politik hat jedoch etwas vom Drang eines Abenteurers und ist nur schwer berechenbar.
Franz Joseph von Österreich »war ein starrer und beschränkter Mann. Durchschnittliche Leute waren seine Vertreter und Ratgeber« (Golo Mann).
Rußland war als europäische Macht durch den Krim-Krieg geschwächt, im Grundsatz Preußen wohlgesinnt, mißtrauisch gegenüber Österreich. England ist solange uninteressiert an innereuropäischen Querelen wie das europäische Gleichgewicht nicht ernsthaft bedroht ist. Es steht Rußland und Frankreich ablehnender gegenüber als Preußen und Österreich.
Als Fazit ergibt sich — wieder mit den Worten von Golo Mann: »daß die

Legende deutscher Schulbücher, wonach mißgünstige Großmächte das gute Deutschland umdrängten, entschlossen, seine Einigung zu hindern, und Bismarcks Zauberstab die wilden Bestien nur eben zähmte, während er sein Werk vollbrachte, in der Tat nur eine Legende ist«.

Die bestimmende Figur der preußischen und später deutschen und europäischen Politik, Bismarck, gilt in jenen Tagen als eine Art politischer Hasardeur. Der Historiker Michael Freund charakterisiert ihn wie folgt:

> »Der Herr von Bismarck war offensichtlich kein Mann, der mit der Milch der frommen Denkungsart gesäugt worden war. Er schien aus dem feudalen Rebellenadel zu stammen, aus einer Zeit, in der die aufsässigen Barone geköpft hatten und geköpft worden waren. Er war aus der Art geschlagen, hatte überall Schiffbruch erlitten, und man wußte, daß es mit seinem heimatlichen Gutshof nicht besonders gut bestellt war. Seine Ausbildung als preußischer Regierungsreferendar hatte ein jähes Ende genommen, weil er vier Wochen hindurch — ohne Urlaub — einer schönen Engländerin nachgereist war und nachher zur Vorhaltung seines Vorgesetzten erklärt hatte, daß er nicht die Absicht habe, sich von einer königlich-preußischen Behörde Vorschriften über sein Privatleben machen zu lassen. Sein Geist schien so kühn wie sein Herz zu sein. Die Göttin, die den Revolutionen voranschreitet, hatte ihm die Gabe der Rede verliehen. Er liebte die Pointe und die scharfe schneidende Redewendung und schien von einer luziferischen Lust beseelt zu sein, die wildeste und verwegenste Absicht zu offenbaren. Noch hatten die Menschen nicht begriffen, daß er sie alle gerade durch seine Offenherzigkeit zu täuschen wußte.«

Golo Mann fügt hinzu, er sei fähig gewesen in der Ausübung seines Berufes zu lügen, nicht aber sich selbst doktrinären Dunst vorzumachen. Ein anderer Historiker stellt fest, er habe immer haarscharf an der Wahrheit vorbeigelogen. Das ist die volle Wahrheit!

Seine komplexe, vielschichtige Persönlichkeit wird auch dadurch gekennzeichnet, daß man wohl sagen kann, daß kaum ein Liberaler die Fürsten in Deutschland mehr haßte als Bismarck. Sein König Wilhelm I. fragt sich des öfteren, ob er nicht einen Abenteurer und Gewaltmenschen zu seinem Ministerpräsidenten gemacht hat.

Zwar gibt es von Bismarck die überlieferte Äußerung vom Silvester 1863/64, »Die ›Up ewig Ungedeelten‹ müssen einmal Preußen werden. Das ist das Ziel nach dem ich steuere; ob ich es erreiche steht in Gottes Hand. Die Halsstarrigkeit der Dänen wird uns wahrscheinlich schaffen was wir brauchen, den Kriegsfall.«

Aber die scheinbar planvolle Entschlossenheit täuscht: Bismarck hat zwar das noch vage Ziel einer irgendwie gearteten Vergrößerung und Stärkung Preußens fest im Auge. Sein praktisches Handeln ist aber mehr von Reaktionen geprägt und davon, daß er genau weiß, was er auf gar keinen Fall will:

- Keine Aufwertung des Deutschen Bundes
- Keine Verstärkung der österreichischen Vormachtstellung in Deutschland
- Keine österreichisch-französische Annäherung
- Kein französisch-russisches Zusammengehen
- Kein Engagement Englands.

Sein Erfolg ist also nicht nur »das Werk eigener Planung und genialer Ausnutzung der Situation, sondern der ihn begünstigenden Umstände« (Gall).
Ein bestimmendes Grundelement seiner Politik wird in der Schleswig-Holstein-Krise deutlich: Bismarck sieht immer genau die Möglichkeiten, aber auch die Grenzen seiner Politik. Das ist eine Fähigkeit, die ihn von vielen »Möchte-gern-Politikern« aller Zeiten unterscheidet.
Sein langfristiges Ziel, die Herzogtümer zu preußischem Staatsgebiet zu machen, ist nach seiner Überzeugung nur durch Krieg zu lösen. Den Weg dorthin beschreitet er mit äußerster Vorsicht.
Durch seine Betonung des Rechtsstandpunktes gemäß Londoner Protokoll kann er Österreich auf seine Seite ziehen.
Zu seinem Glück weigern sich aber die Dänen, dies auch zu tun. Hätten sie es getan, — vielleicht wäre Schleswig heute noch dänisch.
Diese Grundkonzeption seiner Politik formuliert er schon in einem Brief am 24. Dezember 1863 an seinen Nachfolger als Botschafter in Paris, von der Goltz:

> »Ich bin dabei in keiner Weise kriegsscheu, im Gegenteil, bin auch gleichgültig gegen revolutionär oder konservativ, wie gegen alle Phrasen . . .«

Und schon früher schreibt er: . . . »Die großen Krisen bilden das Wetter, welches Preußens Wachstum fördert, indem sie furchtlos, vielleicht auch sehr rücksichtslos von uns benutzt wurden.«

Fazit

So haben wir zu Beginn des Krieges die Situation, daß die Staaten, die eigentlich zum Krieg bereit sind, nämlich Preußen und Österreich, sich friedlich geben und nur auf der Einhaltung des Londoner Protokolls bestehen. Die eigentlich friedliebenden Klein- und Mittelstaaten, voran Sachsen und Hannover, geben sich entschlossen und kriegsbereit, unterstützen den Augustenburger und die deutsche nationale Sache. Sie lassen sich zur Genugtuung des gesamten Deutschland, wohl aber auch zur stillen Genugtuung Bismarcks, mit der Exekution gegen Holstein beauftragen.

In diesem Zusammenhang sollten wir drei grundsätzliche Fragen beleuchten, mit denen sich nicht nur Bismarck in aller Schärfe auseinandersetzen mußte. Sie stellen sich seit dem Beginn des Parlamentarismus für Bürger und Politiker in unseren westlichen Demokratien mit zunehmender Radikalität:

- Wieweit kann man Außenpolitik mit einem Parlament machen?
- Wie verträgt sich das schauspielerische Element der Politik, das Finnassieren, das Verstecken wirklicher Beweggründe und politischer Ziele mit der Erwartung des Bürgers nach Transparenz aller politischen Vorgänge?
- Wieweit muß oder soll ein verantwortlicher Politiker die öffentliche Meinung berücksichtigen?

Bismarcks Schwierigkeiten mit dem Parlament waren zumindest bis 1866 sozusagen ein chronisches Leiden. Begonnen hatten sie mit der mehr innenpolitischen Streitfrage der Heeresvermehrung. Eine Frage, die allerdings auch außenpolitische Konsequenzen hatte.
Dem Streit zwischen König, Regierung und Parlament verdankte Bismark seine Berufung zum Preußischen Ministerpräsidenten, aber lösen konnte er das Problem auch nicht.
Weder konnte man der Regierung zumuten, neu aufgestellte Regimenter wieder nach Hause zu schicken, noch vermochte das Abgeordnetenhaus einzusehen, daß es sein Recht auf Geldbewilligung vielleicht doch dazu mißbrauchte, die sachliche Entscheidungsfreiheit von König und Regierung über Gebühr einzuengen.
»Es gibt keine Maßnahme im Staat, für die nicht Geld notwendig ist. Wer das Recht auf Geldbewilligung dazu benützt, die Gewalt der Bestätigung oder Verwerfung für jede einzelne Staatsmaßnahme an sich zu reißen, der beraubt die anderen Gewalten im Staat ihrer Ermessensfreiheit und ihrer sachlichen Verantwortung«, meint der Historiker Michael Freund.
Kennen wir dieses Problem nicht auch aus dem heutigen Bonn?

Auf dem Gebiet der Außenpolitik stellte sich die Frage noch brisanter. Bismarck verzweifelte schier ob des Unverständnisses des Parlaments für das feine Geflecht von Außenbeziehungen.
In der Polen-Frage, als Bismarck 1863 mit der sogenannten Alvensleben'schen Konvention den Zaren gegen die polnischen Revolutionäre unterstützte, kam es zum Eklat:
Der Abgeordnete Waldeck, ein honoriger Mann, der schon in der Nationalversammlung von 1848 Vorsitzender des Verfassungsausschusses war, erklärte unter dem Beifall des ganzen Hauses, die Konvention laufe den Interessen Preußens vollständig zuwider, sei einmalig in der Geschichte.
Der Abgeordnete Twesten, ebenfalls Jurist, wird noch schärfer: »Die Ehre der augenblicklichen Regierung ist nicht mehr die Ehre des Staates und Landes.« Das Abgeordnetenhaus applaudiert fast einhellig.

Bismarck voller Hohn: »Würde ein selbständiges Polen den Nachbar Preußen noch im Besitze von Danzig und Thorn belassen . . .?
Die Neigung, sich für fremde Nationalitäten auf Kosten des Vaterlandes zu opfern, ist eine politische Krankheitsform, die auf Deutschland beschränkt bleibt.«
Während der Festlegung der preußischen Interessen in der Schleswig-Holstein-Frage 1864, als Bismarck Österreich mit allen diplomatischen Tricks an seine Seite bringt, wird die grundsätzliche Problematik besonders deutlich:
Dem österreichischen Außenminister wird der Eindruck suggeriert, Preußen wolle sich an die Spitze der deutschen Bewegung setzen und Österreich sozusagen auf der innerdeutschen Bühne überrunden.
Seinem König bedeutet Bismarck, der Herzog von Augustenburg würde unweigerlich sich mit den deutschen Mittelstaaten an Wien anschließen, wäre er erst einmal Herzog von Schleswig und Holstein.
Als gezieltes Gerücht wird nach Wien als Bismarcks Meinung transferiert, man betrachte in Berlin den Augustenburger Herzog schon jetzt als Mann Preußens.
Ist es da ein Wunder, daß Öffentlichkeit und Parlament nicht mehr mitkommen?
Der große Universitätsprofessor Virchow mahnt als Abgeordneter des preußischen Landtags in der Schleswig-Holstein-Debatte, man müsse dem König sagen, in welcher Gefahr Preußen schwebe. Bismarck habe in seiner ganzen Entwicklung für das, was aus dem Herzen des Volkes hervorgehe, kein Verständnis. Er fährt fort: »Er ist dem Bösen verfallen und wird von ihm nicht wieder loskommen!«
Bismarck wird ihm noch im selben Jahr 1864 eine Duellforderung auf Pistolen schicken, weil Virchow seine Wahrheitsliebe anzweifelt. Dies zum Trost für diejenigen, denen die Debatten und Methoden unserer Politiker heute zu hart erscheinen!
In der Debatte selbst spricht er Grundsätzliches aus:

> »Eine Versammlung von 350 Mitgliedern kann heutzutage die Politik einer Großmacht nicht in letzter Instanz dirigieren wollen, indem sie der Regierung ein Programm vorschiebt, das in allen ferneren Stadien befolgt werden soll . . .
> *Dem Auge des unzünftigen Politikers erscheint jeder Schachzug wie das Ende der Partie, und daraus geht die Täuschung hervor, daß das Ziel wechselt . . .*
> . . . Politik ist aber keine exakte Wissenschaft!«

Bismarck, der sich einmal als junger preußischer Gesandter im Frankfurter Bundestag als Zeichen der Gleichberechtigung Preußens mit Österreich demonstrativ eine Zigarre angezündet hatte, ein Vorrecht, das bisher nur dem österreichischen Vorsitzenden, Graf von Thun-Hohenstein zugestanden hatte, blieb die meiste Zeit seiner Kanzlerschaft in wichtigen Fragen unverstanden.

Die Presse hatte er ebenfalls meistens gegen sich, und zwar in einer Schärfe, die uns heute schaudern läßt. Für eine gewisse Zeit söhnten die Siege von Königgrätz und Sedan die Öffentlichkeit und das Parlament mit ihm aus. Aber lange hielt dieser Zustand nicht.
Und zu seinem 80. Geburtstag 1895 weigerte sich der Reichstag mit einer Mehrheit von 160 Abgeordneten des Zentrums, der Demokraten und Sozialdemokraten gegen 146 Konservative und Nationalliberale, dem Reichskanzler a. D. und Gründer des vereinigten Deutschland seine Glückwünsche zu überbringen. Nur eine Minderheit spendete dem Präsidenten des Hauses Beifall, als dieser daraufhin den Vorsitz niederlegte.

Bei seinem Amtsantritt 1862 konnte der deutsche Bürger in einer bedeutenden Zeitung lesen, Bismarck sei »ein Landedelmann von mäßiger politischer Bildung,« und der Journalist, Historiker und Schriftsteller Gustav Freytag sah sicher voraus: »Herr von Bismarck-Schönhausen kann sich kein Jahr halten.«
Nicht nur die Bürger, Politiker und Journalisten sind häufig gegen ihn und verstehen ihn nicht, auch die Soldaten zweifeln oft an ihm. Sie drängen nach dem Sieg von Königgrätz 1866 auf einen Einmarsch in Wien. Bismarck, dessen Programm Mäßigung lautet, kann ihn nur unter Aufbietung aller Kräfte verhindern.
Er höhnt über den Verstand der Generale: »Wenn die feindliche Armee Wien preisgibt und sich nach Ungarn zurückzieht, müssen wir ihr doch folgen . . . Es würde dann das Geratenste sein, auf Konstantinopel zu marschieren, ein neues Byzantinisches Reich zu gründen und Preußen seinem Schicksal zu überlassen . . .«
Und König Wilhelm I. — auch oft als Soldat in Opposition — schreibt auf das Memorandum Bismarcks, das den Frieden mit Österreich 1866 erzwingen will: »Nachdem mein Ministerpräsident mich vor dem Feinde im Stiche läßt und ich hier außerstande bin, ihn zu ersetzen . . ., . . . sehe ich mich zu meinem Schmerze gezwungen, in diesen sauren Apfel zu beißen und einen so schmachvollen Frieden anzunehmen.«
Politik ist eben keine reine Harmonielehre, und »große« Männer werden dies oft erst in späteren Schullesebüchern.

Kriegsverlauf bis zum 18. April 1864

Besetzung der Herzogtümer Holstein und Lauenburg durch die Bundesexekutionstruppen

Ende November 1863 treffen sich in Frankfurt am Main die militärischen Bevollmächtigten der vier Mächte zu Beratungen, die die Exekution des Bundes realisieren sollen:
Preußen ist durch Generalleutnant (und Chef des Generalstabes) Freiherr von Moltke vertreten, *Österreich* entsendet Generalmajor Freiherr von Rzikowsky, *Sachsen* schickt Major von Brandenstein, *Hannover* Generalmajor Schultz. Bei der »Beurteilung der Feindlage« geht man von einer dänischen Armee von rund 43000 und einer etwaigen Hilfe des Königreichs Schweden von 25000 Mann aus. Gegenüber diesen insgesamt 68000 Mann ist die Bundesarmee, deren Stärke durch einen Beschluß des Bundestages festgelegt wird, mit rund 82000 Mann nicht gerade drückend überlegen.
Sie setzt sich zusammen aus

6000 Hannoveraner
6000 Sachsen
35000 Österreicher
35000 Preußen.

Sachsen und Hannover haben beschlossen, daß zweckmäßigerweise statt eines gemeinsam aufzubauenden Korps gleich 6000 Mann sächsische Truppen in die Herzogtümer einrücken, die Hannoveraner sich noch auf eigenem Territorium nahe der Elbe als erste Reserve verfügbar halten sollen. Die vorsichtigen Hannoveraner erklären jedoch darüber hinaus, daß sie die Elbe nur überschreiten werden, wenn zuvor auch österreichische und preußische Abteilungen dort versammelt seien. Dadurch verzögert sich der ins Auge gefaßte Einmarsch, bis durch preußische und österreichische Maßnahmen den hannoverschen Bedenken Rechnung getragen wird. Ganz unbegründet sind sie übrigens nicht, da man damit rechnet, daß Dänemark in kurzer Zeit 21000 Mann an der Eider versammeln kann. Preußen macht in den ersten Dezembertagen die 6. und 13. Division mobil und bildet daraus das I. Korps unter Prinz Friedrich Karl als Kommandierender General.

Der **Aufmarsch** erfolgt zum großen Teil mit der Bahn, Hannover nutzt die Nähe seiner Truppen aus der Gegend von Lüneburg, Winsen und Harburg, um im Fußmarsch vorzurücken; die österreichische Brigade Gondrecourt wird am 17. Dezember in Prag verladen und erreicht Harburg am 21. Dezember per

Schiff. So stehen am 22. Dezember 1863 zur Exekution des Bundesbeschlusses folgende Truppen bereit:

Die *sächsische Brigade* bei Boitzenburg
die *hannoversche Brigade* bei Harburg und Lüneburg
die *preußische Brigade* bei Hagenow und Wittenburg
die *österreichische Brigade* in Hamburg.

Preußen und Österreich haben ein gemeinsames Oberkommando gebildet. Oberbefehlshaber ist der 80 Jahre alte Generalfeldmarschall Freiherr von Wrangel, sein Generalstabschef Generalleutnant Vogel von Falckenstein. Diese Entscheidung des Königs blieb nicht ohne Kritik; viele Offiziere hielten Wrangel für zu alt und zu starr.

Der preußische *Generalfeldmarschall Freiherr von Wrangel,* 1784 in Stettin geboren, war, als junger Kavallerie-Offizier unter Blücher dienend, geprägt durch das Erlebnis der Freiheitskriege gegen Napoleon. Er war schon früh zu einem Original geworden, verwechselte wie Blücher stets »mir« und »mich« und erfreute sich größter Beliebtheit.
Im April 1848 hatte man ihm den Oberbefehl über die preußischen Truppen übertragen, die zur Unterstützung der Schleswig-Holsteinischen Bürgerarmee gegen Dänemark antrat. Es gelang ihm, verstärkt durch Bundestruppen, die Dänen nach Jütland zurückzudrängen, die Festung Fredericia zu nehmen und die Düppeler Schanzen durch bayerische Truppen stürmen zu lassen.
Der Ausbruch der 1848er Revolution in Berlin brachte ihm im November den delikaten Auftrag ein, Berlin zu besetzen und die Nationalversammlung zu schließen. Dieser Auftrag machte ihn bei den Demokraten nicht beliebt, da ihm die Erledigung aber unblutig gelang, genoß er großen Respekt.
Sogar der sozialdemokratische Historiker Blos stellt noch 1893 in seinem Buch über die Revolution von 1848 fest: »So war die Aktion ohne Blutvergießen vor sich gegangen, und Wrangel hatte sich dabei geschickter erwiesen, als man ihm zugetraut hatte.« Und er erzählt die Anekdote, wonach Wrangel in einem anonymen Drohbrief angekündigt worden war, daß im selben Augenblick, wo er mit seinen Truppen Berlin besetzen würde, seine Frau aufgehängt würde. Als Wrangel am 10. November an der Spitze seiner Truppen durchs Brandenburger Tor ritt, fragte er seinen Adjutanten: »Ob se ihr wohl gehängt haben?«
Seiner Führungskunst war es gelungen, daß seine Truppen in Schleswig-Holstein für und in Berlin gegen die Revolution kämpften.

Die politischen Gespräche haben dazu geführt, daß Dänemark erklärt, freiwillig das Herzogtum Holstein zu räumen. Daher entschließt sich der sächsische General von Haake, erst am 23. Dezember 1863 die Grenze zu überschreiten und Richtung Oldesloe, Bornhöved vorzugehen. Hinter der sächsischen Brigade soll die hannoversche folgen, die preußische um einen Tagesmarsch rechts rückwärts gestaffelt. Die Österreicher sollen in Altona

verbleiben. Der dänische Kommandant von Altona wird aufgefordert, die Stadt am 22. Dezember den Österreichern zu übergeben.
Der sächsische Vormarsch, der bei Büchen beginnt, vollzieht sich sowohl im Herzogtum Lauenburg als auch in Holstein ohne Widerstand. So rücken die Sachsen bereits am 24. Dezember in Altona und Hamburg ein. Das in Ratzeburg in Garnison liegende 14. dänische Bataillon besteht aus Lauenburgischen Soldaten, die von dänischen Offizieren geführt werden. Sie waren schon im Krieg von 1848 von den Dänen als besonders unsicher angesehen worden, weil sie sich weigerten, gegen ihre deutschen Landsleute zu kämpfen. Der sächsische General von Haake beabsichtigt, das Bataillon zu entwaffnen, die Soldaten zu beurlauben und die Offiziere gegen Ehrenwort nach Dänemark zu entlassen. Man steht mit den Dänen weiterhin in Kontakt, und diese versichern, beim Anrücken der Bundestruppen die Festung Rendsburg zu räumen, das Eisenbahnmaterial in Holstein zu belassen und die Pferdeaushebung dortselbst einzustellen. Die in Lauenburg stehenden Kompanien erhalten den Befehl, sich aufzulösen. Am 26. Dezember wird Bad Oldesloe erreicht, am 27. Bad Segeberg und am 28. Neumünster. Die Dänen halten also ihre Zusicherungen ein. Anfang Januar ist mit der Besetzung von Friedrichstadt die Besetzung Holsteins abgeschlossen, der erste Teil der Aufgabe der Truppen des Deutschen Bundes erfüllt.

Von den **Dänen** weiß man nur soviel, daß etwa 5000 Mann mit Artillerie beiderseits der von Rendsburg nach Schleswig führenden Straße stehen, weitere 10000 Mann vermutet man in Schleswig.
Preußen und Österreich bringen am 28. Dezember im Bundestag den Antrag ein, durch die beiden Vormächte nun auch das Herzogtum Schleswig besetzen zu lassen. Am 14. Januar 1864 lehnt der Bundestag mit elf gegen fünf Stimmen diesen Antrag ab. Die Motive der beiden Vormächte sind unterschiedlich: Während Österreich hofft, mit der Besetzung Schleswigs Druck auf Dänemark ausüben zu können, rechnet Preußen im Grunde seit November bereits mit einem ernsthaften Krieg gegen Dänemark, der möglicherweise zu einer »Flurbereinigung« in der Frage der Elbherzogtümer und der »Up ewig ungedeelten« führen kann. Sicher ist dieses jedoch nicht.
Die beiden Vormächte haben inzwischen ihre Dispositionen getroffen und teilen dem Bundestag mit, daß sie nun alleine beabsichtigen, Dänemark zur Einhaltung der 1851/52 übernommenen Verpflichtungen zu nötigen. Sie lösen ihre beiden Brigaden aus dem sächsischen Oberkommando heraus, da sich Sachsen und Hannover weigern, an der Besetzung Schleswigs teilzunehmen. Da die Dänen keinen Zweifel daran lassen, daß sie ihr Herzogtum Schleswig verteidigen werden, sind die Würfel gefallen: Krieg steht ins Haus.

Stärke und Gliederung der österreichischen und preußischen Streitkräfte

Das **I. preußische Armeekorps** unter General der Kavallerie Prinz Friedrich Karl und seinem Generalstabschef Oberst von Blumenthal umfaßt die 6. Infanteriedivision, Kommandeur Generalleutnant von Manstein, mit zwei Infanteriebrigaden und die 13. Infanteriedivision mit ebenfalls zwei Infanteriebrigaden unter Generalleutnant von Wintzingerode sowie eine kombinierte Kavalleriedivision mit zwei Brigaden unter Generalmajor zu Münster-Meinhövel (Gliederung siehe Anlagen, S. 102ff.).
Da bei einer dreijährigen Dienstzeit 1862 die Mannschaften in der Mehrzahl entlassen worden waren, verkürzte man die Bataillonsstärke von 1 002 auf 802 Köpfe, um nicht auf Mannschaften der Reserve in großem Stil zurückgreifen zu müssen.
Die **Infanterie** kämpft noch nach dem Exerzierreglement von 1847. Darin wird das Gefecht der Infanterie mehr als eine »Wechselwirkung der zerstreuten und geschlossenen Ordnung« gekennzeichnet. Dem Bajonettangriff der Bataillone wird eine unverzichtbare Rolle für die Herbeiführung der Entscheidung zugewiesen.
Da das Reglement den Truppenführern jedoch ausdrücklich die Freiheit zubilligt, Änderungen und Verbesserungen vorzunehmen, die durch das Verhalten des Feindes oder des Geländes erforderlich seien, haben die Führer Spielraum, »moderner« kämpfen zu können als das Reglement es vorsieht. Schon das eben eingeführte Zündnadelgewehr erfordert hier so manche Umstellung. Auch der nur kurze Zeit zurückliegende Krimkrieg* hat gezeigt, daß gut geführte Schützenschwärme sehr schnell eine Feuerüberlegenheit erzielen können. Und der italienische Feldzug der Österreicher 1859 hat die Überlegenheit einer beweglichen, geschickt geführten und das Gelände ausnutzenden Infanterie im Angriff gezeigt. Der Kommandierende General Friedrich Karl hat 1860 in einer Denkschrift festgestellt, daß Erfolge auf der Selbständigkeit der Führer und Mannschaften beruhen. Das preußische Heer solle daher den Schwerpunkt auf die Erziehung des einzelnen Mannes sowie auf die Entwicklung seiner körperlichen und Verstandesfähigkeiten verlegen.

---

* **Krimkrieg** (1853—1856):
In den Streit griechischer und römischer Mönche um die heiligen Stätten in Jerusalem schalten sich Zar Nikolaus I. von Rußland und Kaiser Napoleon III. von Frankreich ein.
Durch England gestärkt, lehnt die Türkei die russischen Forderungen nach Schutz der orthodoxen Christen ab.
Russische Truppen greifen daraufhin die Türkei an, Österreich besetzt die Donau-Fürstentümer Moldau und Walachei, französische und britische Truppen landen 1854 auf der Krim und belagern die Festung Sewastopol im ersten modernen Stellungskrieg der Geschichte. 1855 fällt die Festung. Die Opfer unter Belagerern und Belagerten sind groß.
1856 wird im Frieden von Paris der Krieg beendet. Rußland verliert das Donaudelta und wird zum Gegner Österreichs.

Die **Kavallerie** besitzt zwar seit 1855 ein neues Exerzierreglement, aber »die in demselben enthaltenen Bestimmungen über die Gefechtsformen der Eskadron und des Regiments waren noch nicht so vereinfacht und den Forderungen des Gefechts angepaßt, daß die heutzutage verlangte freie Beweglichkeit und leichte Verwendbarkeit der Kavallerie erreicht gewesen wäre«.

Die **Feldartillerie** befindet sich bei Kriegsausbruch in der Umrüstung und Umorganisation. Die Geschütze mit glattem Rohr werden herausgelöst, Geschütze mit dem wesentlich treffsichereren gezogenen Rohr sind in der Einführung. Die Haubitz-Batterien haben acht Geschütze, 12- und 6-Pfünderbatterien nur sechs Geschütze.

Reichweiten:	gezogenes Feldgeschütz:	bis 3800 m
	12-Pfünder:	bis 1500 m
	Haubitze:	bis 2200 m

Auch taktisch befindet sich die Artillerie in einer Übergangszeit. Sie macht erste Schritte, nicht mehr selbständig zu kämpfen, sondern enge Verbindung mit anderen Waffengattungen — zumal mit der Infanterie — zu halten.

Im **Österreichischen Korps** unter dem Kommandierenden General Feldmarschall-Leutnant Baron Gablenz kämpfen vier Infanterie- und eine Kavalleriebrigade (Gliederung siehe Anlagen, S. 108ff.).

Die **Infanterie** kämpft noch mit einem gezogenen Vorderladergewehr. Sie hat auch noch eine gewisse Vorliebe für die geschlossene Ordnung. »Zerstreute Fechtart« ist noch Angelegenheit der Jägertruppen. Großer Wert wird auf den Gebrauch des Bajonetts gelegt, das Feuergefecht ist nur die Einleitung des Bajonettangriffs. Auch in der österreichischen Armee betont man selbständiges Handeln der Führer und ein Handeln, das den Umständen angepaßt ist und das Gelände richtig ausnutzt.

Die österreichische **Artillerie** hat bereits Geschütze mit gezogenen Rohren, ist also sowohl der dänischen als auch der preußischen Artillerie überlegen. Jede Batterie hat acht Geschütze.

Die dänische Armee: Unter dem Kommando des Generalleutnant de Meza stehen drei Infanterie- und eine Kavalleriedivision. Die Gesamtstärke beträgt etwa 50000 bis 60000 Mann. Die Armee leidet darunter, daß ihre Friedensstärke sehr gering ist, jedenfalls zu gering im Vergleich zu der hohen Kriegsstärke. Die Linienbataillone zählen im Frieden nur 20 Offiziere und 224 Mann. Sie sollen aber im Krieg ein Regiment zu etwa 30 Offizieren und 1550 bis 1700 Mann aufstellen, das in zwei Bataillone gegliedert wird, — ein Problem das die Bundeswehr auch kennt (Gliederung s. S. 111ff.). Grundeinheit im Gefecht ist die Kompanie, das Bataillon ist nur die Verbindung von vier Kompaniekolonnen.

Die dänischen Vorschriften tragen zwar den Verhältnissen eines modernen Infanteriekampfs Rechnung, infolge der zu kurzen Dienstzeit und der geringen Friedensstärke gibt es jedoch Mängel in der Ausbildung. Den starken Milizkomponenten läßt man nicht genügend Zeit für eine sorgfältige Ausbildung und ein Zusammenwachsen in den einzelnen Kompanien.
Die **dänische** Artillerie ist ebenfalls in der Umrüstung auf Geschütze mit gezogenem Rohr. Etwa die Hälfte der Batterien ist schon modern ausgestattet.
Die dänische Armee zeigt insgesamt eine gute Kampfmoral, was um so höher zu veranschlagen ist, da das dänische Parlament die Armee mit Haushaltsmitteln seit Jahren äußerst knapp hält und die häufig wechselnden Kriegsminister nicht gerade für Stetigkeit in Führung und Ausbildung sorgten. Hierzu stellt das Werk des preußischen Generalstabs süffisant fest:
»Unbedingte Hingebung und unwandelbare Treue können sich in monarchischen Staaten nur an die Person des Kriegsherrn, nicht aber an ein parlamentarisches System knüpfen.«

Beabsichtigte Operationsführung
Die dänische Strategie beabsichtigt in diesem Krieg — und so ist die dänische Verteidigungsdoktrin generell angelegt — sich aus einem Verteidigungssystem lange zu verteidigen und einem Überfall zunächst standzuhalten, um das vermittelnde oder beschützende Auftreten befreundeter Mächte abzuwarten. Mit ausländischer Hilfe rechnet man sicher.
Als erste Verteidigungslinie kommt die Eider in Frage, dahinter liegt die historische Danewerk-Stellung. Die Bedeutung der Düppel-Stellung mit der Insel Alsen und der Festung Fredericia mit der Insel Fünen für den dänischen Gesamtzusammenhang der Verteidigung ergibt sich bei einem Blick auf die Karte von selbst.
Preußen ist sich seiner Schwierigkeiten *als Landmacht* gegen die *starke Seemacht Dänemark* bewußt. So stellt General von Moltke in einer Denkschrift aus dem Januar 1864 fest, daß eine Eroberung des gesamten dänischen Festlands noch keinen definitiven Abschluß der Kriegshandlungen mit sich bringt. Die Inseln und vor allen Dingen der Sitz der Regierung in Kopenhagen seien unzugänglich, solange die preußische Flotte eindeutig unterlegen sei. Es kommt also darauf an, das dänische Heer frühzeitig zu packen und entscheidend zu schlagen, bevor es auf seine Inseln Alsen und Fünen entweichen kann.

Einmarsch in das Herzogtum Schleswig

Der Befehl des Feldmarschalls Wrangel für den Vormarsch des verbündeten Heeres — übrigens ein Muster für kurze Befehlsgebung für unsere geschwätzige Zeit — sieht folgende Operationsplanung vor:

Das *I. Korps* soll, beginnend 7.00 Uhr, auf Missunde vorgehen, das *II. Korps* über Rendsburg, das aus einer Garde-Division bestehende *III. Korps,* das mit der Eisenbahn ab 31. Januar aus der Mark Brandenburg herangeführt wird, soll westlich des II. Korps bleiben (Gliederung III. Korps, s. S. 115).

Der Oberbefehlshaber drängt darauf, daß nach der Erstürmung des Danewerks als erstem Angriffsziel eine rastlose Verfolgung zu beginnen habe. Hierbei fällt dem I. Korps die Aufgabe zu, nach dem Übergang über die Schlei bei Missunde dem Feind am Mühlenberg bei Flensburg zuvorzukommen und ein Ausweichen nach Jütland zu verhindern.
Das links neben dem II. Österreichischen Korps eingesetzte III. Korps soll links um Flensburg ausholend Richtung Düppel angreifen. (Karte 1)

So verläuft der Vormarsch dann auch:
Die Dänen weichen bis zum Danewerk aus und lassen nur schwache Husarenpatrouillen am Feind. Es gelingt ihnen nicht, die Eisenbahnbrücke bei Rendsburg zu sprengen. Sie fällt in die Hand der Verbündeten. (Skizze S. 30).
Die Danewerk-Stellung ist die historische Verteidigung der Dänen seit dem frühen Mittelalter gegen angreifenden Feind aus Süden. Sie ist im Laufe der Jahrhunderte immer wieder erneuert, immer wieder verstärkt worden. Sie besteht aus einem Wall bis zu sieben Metern Dicke, einem Graben bis zu fünf Metern Tiefe, Schanzen, Blockhäusern und Stellungen. Wo es sich anbietet, werden kleine, vor dem Verteidigungswerk liegende Flüsse angestaut und Überschwemmungen verursacht.
Es fehlen Unterkunftsräume für Besatzungen, und zwar solche, die einem Artilleriebeschuß standhalten. Wir werden sehen, daß dies eine traditionelle dänische Sünde darstellt, die sich bei Düppel rächen wird. Man hat provisorische Barackenlager erstellt, aber die Masse der dänischen Truppen lagert bei übelster Witterung, Kälte, Regen und Schnee auf dem freien Felde. Erkrankungen im größeren Stil sind die Folge.

Der *Vormarsch* verläuft zunächst zügig. Das I. Korps des Prinzen Friedrich Karl steht bereits am 2. Februar in Missunde. Nach kräftigen und verlustreichen Artillerieduellen muß jedoch der Plan eines sofortigen Übergangs aufgegeben werden. Die dänische Verteidigung ist zu stark. Man hat — verlockt durch den kurzen Weg Richtung Flensburg — an der stärksten Stelle angegriffen und nicht, wie von Friedrich Karl ursprünglich geplant, an einer schwach besetzten weiter östlich bei Arnis.
Missunde ist ein altes Fischerdorf an der Südseite der Schlei an einem historischen Übergang.
Vielleicht hat neben der Verlockung der kurzen Wege diese Sogwirkung der Geschichte die Preußen hierhergelockt: 1250 geschah dort durch den Herzog Abel von Schleswig ein düsterer Mord an seinem Bruder Erich, dem König von Dänemark, der in die Reihe der Shakespearschen Königsdramen paßt.

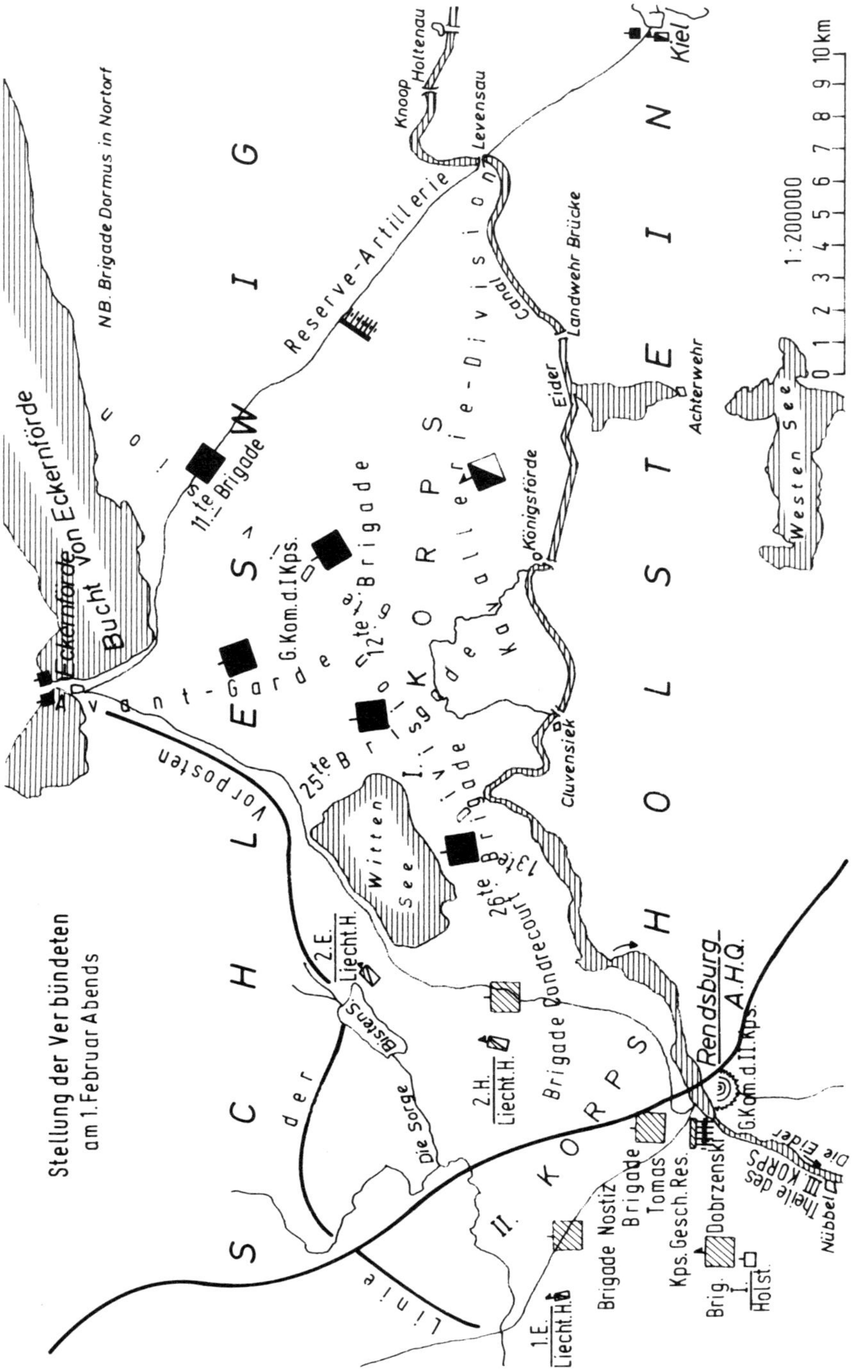
Stellung der Verbündeten
am 1. Februar Abends
NB. Brigade Dormus in Nortorf
Eckernförde
Bucht von Eckernförde
Reserve-Artillerie
Knoop
Holtenau
Levensau
Kiel
Landwehr Brücke
Canal
Eider
Achterwehr
Westen See
1:200000
0 1 2 3 4 5 6 7 8 9 10 km
11.te Brigade
G.Kom.d.I.Kps.
12.te Brigade
25.te Brigade
26.te Brigade
13.te Brigade
Königsförde
Cluvensiek
Witten See
Vorposten
2.E. Liecht.H.
2.H. Liecht.H.
1.E. Liecht.H.
Bistensee
Die Sorge
Brigade Gondrecourt
Brigade Nostiz
Brigade Tomas
Kps.Gesch.Res.
Brig. Dobrzensky
I. Holst.
Rendsburg
A.H.Q.
G.Kom.d.II.Kps.
Theile des III KORPS
Die Eider
Nübbel
Linie
S C H L E S W I G
H O L S T E I N
der
II. KORPS
I. KORPS
Avant-Garde
Kavallerie-Division

Viele Sagen und Märchen knüpfen sich, bis heute erzählt, an diesen Mord und den in die Schlei versenkten Leichnam des Königs. Der Herzog Abel geht seither um als »der wilde Jäger« dieser Region. König Erich wird noch um die Zeit des Sonnenuntergangs ab und an, in seinen roten Königsmantel eingehüllt, von den Schleifischern im Wasser treibend gesehen, die linke Hand gegen den Himmel gehoben.
1848 kämpfte dort General von der Tann, 1850 versuchte General Willisen mit schleswig-holsteinischen Truppen durch einen Angriff auf die Dänen Revanche zu nehmen für die blutige Niederlage in der Schlacht bei Idstedt.
Die starke Stellung der Dänen wäre nur mit weit überlegener Artillerie zu nehmen gewesen, und die war nicht vorhanden.
Mit 2500 Mann verteidigte der dänische General von Gerlach die Schanzen und wies den ersten preußischen Infanterieangriff ab. Auch der preußische Artillerie-Beschuß zeigte keine entscheidende Wirkung; die unter lauten »Hurra«-Rufen mit großer Tapferkeit bis zum Abend vorgetragenen preußischen Angriffe drangen nicht durch.
Angesichts der erheblichen Verluste spricht es für die kluge Führungskunst des Prinzen Friedrich Karl, daß er nicht wie spätere Generale bei Verdun wegen der preußischen Ehre unter großen Blutopfern weiter angriff, sondern das Gefecht abbrach. Das war die mutigste — und klügste — Tat des Tages.
Vier Offiziere, 29 Mann waren tot, sieben Offiziere und 159 Mann verwundet.
Das spätere Lesebuch-Gedicht »Donnernd vor Missunde fiel der erste Schlag . . .« wird den tatsächlichen Geschehnissen nicht gerecht und gehört zum Kapitel Legendenbildung.
Prinz Friedrich Karl meistert die schwierige Situation eines Mißerfolgs durch einen geschickten Tagesbefehl:

> »Eure Haltung im Gefecht ließ nichts zu wünschen, denn nur euer Eifer mußte gezügelt werden. Besondere Anerkennung verdient die Tapferkeit und Kaltblütigkeit unserer braven Artillerie. Der 2. Februar bleibt für sie, die einen ungleichen Kampf rühmlich bestand, auf immer denkwürdig. Es wird genügen zu sagen: ›Ich bin ein Kanonier von Missunde‹, um die Antwort im Vaterlande zu hören: ›Siehe da, ein Tapf'rer!‹ Soldaten, ich werde die Namen der besonders Tapferen und Derer, die uns wichtige Dienste geleistet haben, aus allen Waffen, dem Könige nennen.«

Der Übergang gelingt erst am 6. Februar nach größerer Vorbereitung, weiter östlich als ursprünglich geplant, bei Cappeln im Rahmen des Gesamtangriffs auf die Danewerke zusammen mit den anderen beiden Korps. Kostbare vier Tage sind verloren. (Karte 2)

Der dänische Oberbefehlshaber General de Meza steht beim Einfall der Verbündeten ins Herzogtum Schleswig vor der Notwendigkeit, eine Entscheidung von großer militärischer und politischer Tragweite fällen zu müssen: Soll er die Danewerke verteidigen oder diese freiwillig aufgeben?

Der dänische König Christian hatte am 4. Februar die Armee besucht, aber sie wieder verlassen, »um die Entschlüsse des Oberbefehlshabers nicht zu beeinflussen«, wie es hieß. Die Weisungen des dänischen Kriegsministeriums zeichnen sich durch Widersprüche aus, die dann zustande kommen, wenn mittelmäßige Politiker meinen, mit semantischen Künsten Dinge verbal zusammenleimen zu müssen, die einfach nicht zusammengehen.

Eigentlich hat de Meza drei Weisungen:

- Die erste besagt, daß er volle Handlungsfreiheit hat,
- die zweite, daß er den Kampf um die Danewerke nicht so weit führen soll, daß dadurch der Fortbestand des dänischen Heeres gefährdet wird, so daß es später aus Düppel und Fredericia nicht mehr kämpfen kann,
- die dritte Weisung unter dem Druck der öffentlichen Meinung erwartet, daß er die Danewerke verteidigt.

Im Kriegsrat mit seinen Generalen Lüttichau, Hegermann-Lilienkrone, Steinmann und Du Plat wird entschieden, daß es das beste ist, die Danewerk-Stellung ohne längeren und größeren Kampf aufzugeben, da ein geordneter Rückzug im Falle eines Durchbruchs durch die Stellung auch nach Meinung der Mehrheit der Generale nicht mehr ausführbar ist. Besonders erschwerend sind die Wetterverhältnisse: Glatteis, Schnee, Kälte. Freiwilliger, geordneter Rückzug ist also vorzuziehen.
Von diesem Entschluß des Kriegsrates wird zunächst niemand orientiert. Selbst dem König und dem Kriegsminister wird keine Mitteilung gemacht. Erst am 5. Februar gegen Mitternacht erfährt der Kriegsminister, der Rückzug habe bereits begonnen. Er gibt sofort Befehl, die Stellung zu behaupten. Dieser Befehl trifft jedoch erst ein, als der Rückzug bereits in vollem Gange ist. (Skizze S. 33)
So können die Danewerk-Stellungen durch die Verbündeten nahezu kampflos genommen werden. Der dänische Oberbefehlshaber verlegt seinen Gefechtsstand zunächst nach Flensburg und dann nach Schloß Gravenstein.

Bevor sich unser Blick auf die Ereignisse um Düppel richtet, sollten wir den Vormarsch des II. (österreichischen) Korps unter Feldmarschall-Leutnant von Gablenz nach Schleswig hinein begleiten.
Zusammen mit dem rechten preußischen Flügel hatte das österreichische Korps am 1. Februar bei Rendsburg die Eider überschritten. Am Morgen des 2. Februar überwindet man das Flüßchen Sorge, Angriffsziele für den 3. Februar sind die Dörfer Ober-Selk, Jagel und Fahrdorf.
Die Brigaden Thomas und Nostiz auf dem rechten Flügel greifen gegen schwachen Feind an, die Brigade Gondrecourt stößt mit ihren vier Bataillonen am Mittag auf ca. 14 dänische Kompanien, die sich bei Ober-Selk, geschickt die unübersichtliche Knicklandschaft ausnutzend, eingegraben haben.

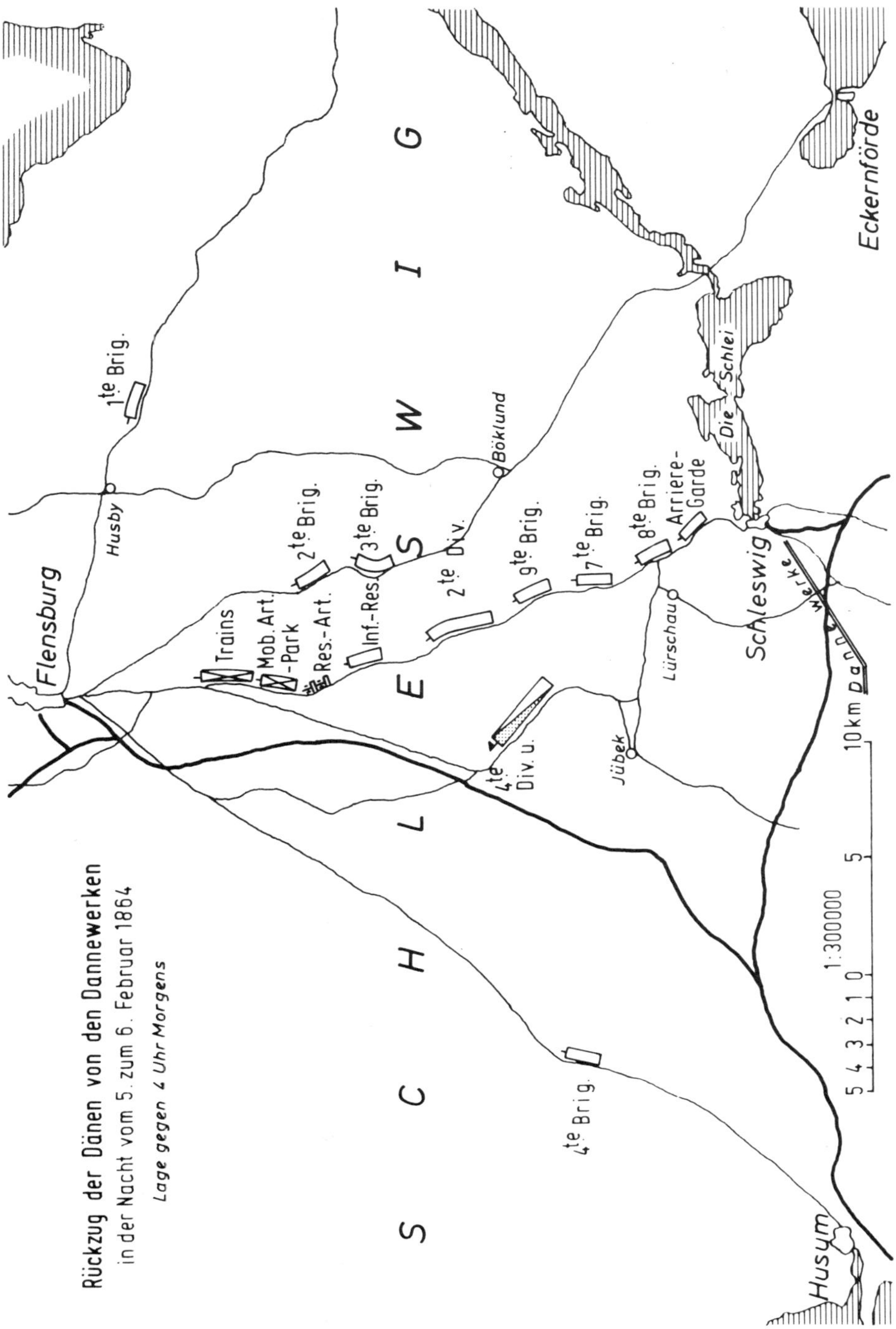
Rückzug der Dänen von den Dannewerken
in der Nacht vom 5. zum 6. Februar 1864
Lage gegen 4 Uhr Morgens
S C H L E S W I G
Flensburg
Husby
1te Brig.
Böklund
2te Brig.
3te Brig.
2te Div.
Trains
Mob. Art.-Park
Res.-Art.
Inf.-Res.
9te Brig.
7te Brig.
8te Brig.
Arriere-Garde
4te Div. u.
4te Brig.
Jübek
Lürschau
Schleswig
Die Schlei
Eckernförde
Dannewerke
Husum
1:300000
5 4 3 2 1 0
5
10km

Es gelingt den Österreichern rasch, ins Dorf einzudringen, aber die Ortschaft wird von einer Anhöhe, dem Königsberg, beherrscht. Generalmajor Graf Gondrecourt setzt das 18. Jäger-Bataillon an, er muß es später verstärken, da der dänische Widerstand stark ist.
Um 16.00 Uhr weht die österreichische Fahne auf der Anhöhe, die Dänen ziehen sich zurück.
Nach der nahezu kampflosen Räumung der Danewerke dringen die Österreicher zusammen mit dem III. Preußischen Korps am 5. Februar in Schleswig ein.
Die österreichische Brigade Nostiz verfolgt am 6. Februar die sich zurückziehenden Dänen auf der Schleswig-Flensburger Chaussee.
Liechtensteiner Husaren quälen sich als Avantgarde über die gefährlich vereisten Straßen und Wege. Beim Dorf Översee setzen sich die Dänen mit der siebten Brigade als Nachhut fest, die Stärke einer Hügel-Stellung ausnutzend, die von Sumpf umgeben ist und an den Sanckelmark-See stößt.
Feldmarschall-Leutnant von Gablenz läßt die Brigade Nostiz gegen 15.30 Uhr aus der Bewegung angreifen, ohne Rücksicht auf die stark ermüdete Truppe, die schon drei Nächte unter freiem Himmel verbracht hat und viel marschiert ist.
Nostiz, Kommandeur der berühmten »schwarz-gelben Brigade« umgeht mit Teilen den See, um die dänische Stellung auszuhebeln.
Aber das dänische Schützenfeuer ist äußerst gut gezielt und verlustreich für die österreichischen Jäger. Zudem versagen die österreichischen Gewehre, weil das Pulver naß geworden ist.
Unter großen Verlusten, aber mit viel Bravour, stürmen die Österreicher die dänische Stellung.
Die Österreicher verlieren 75 Tote und 250 Verwundete, dabei 29 Offiziere; 47 Mann werden vermißt.
Die dänischen Verluste, eingeschlossen die Gefangenen, betragen 18 Offiziere und 944 Mann.
Es fällt beim Bergen der Verwundeten und Toten auf, daß viele Österreicher durch Kopfschüsse gefallen sind, während die Dänen durch Bajonettkampf und Kolbenhiebe ausfielen.
Es ist übrigens ganz selbstverständlich, daß auch nach diesem Gefecht beide Seiten ihre Toten und Verwundeten suchen und mit sich führen; man läßt sich gegenseitig in ritterlicher Weise Zeit dazu.
Ein Augenzeuge schildert das Eintreffen eines Verwundeten-Transports am Abend des 6. Februar in Schleswig:
»Spät am Abend ertönte die Lärmtrommel durch die menschenleeren Straßen der Stadt. Dazu klangen die Rufe: ›Zweihundert verwundete Oestreicher halten vor dem Schloß.‹ So war es in der That. Man raffte zusammen, was irgend zur Linderung für die Unglücklichen dienen konnte, und in wenigen Minuten war ganz Schleswig auf den Beinen. Und wahrlich, Hülfe that Noth. Von Hunger und Durst gepeinigt, lagen die armen Verwundeten, mit einem Mantel

zugedeckt, auf einem Bündel Stroh und zitterten vor Kälte und Schmerz. Kein Bett, kein Arzt — nichts war zu ihrer Aufnahme und Pflege da. Inzwischen geschah was möglich war. Betten, Decken, Stroh, Charpie, Leinwand, Lebensmittel und Erfrischungen aller Art wurden herbeigeschleppt; jeder half, wo er helfen konnte, Frauen verbanden die Wunden ihrer Befreier; Mitleid und Dankbarkeit wetteiferten in ihren Herzen.«

Das dänische Oberkommando hat sich nach dem Verlust Flensburgs, also um den 8. und 9. Februar zu entscheiden, welche Truppen es weiter nach Norden und welche es nach Düppel führen soll. De Meza entscheidet, daß die 3. Division nach Sonderburg auf Alsen zu gehen und die 2. Division im nördlichen Teil der Insel Verfügungsräume zu beziehen hat. Die 1. Division soll die Düppeler Schanzen und die westlich davon gelegenen Ortschaften besetzen.
Der mühevolle Rückzug auf schlechten Straßen, bei schlechter Witterung kann erst um den 9. Februar mit dem Erreichen der Verfügungsräume bzw. Stellungen beendet werden.

Aber auch das preußische Nachdrängen vollzieht sich nicht gerade stürmisch: Straßen sind vereist, Transportbewegungen schwierig, manche Truppenteile haben Orientierungsschwierigkeiten, die Soldaten sind erschöpft, sie brauchen einen Ruhetag. (Karte 2)
Das Oberkommando der Verbündeten benötigt außerdem dringend genaue Angaben über den Feind:
Wo sind seine Hauptkräfte hingezogen? Auf das Festland weiter nach Norden oder Richtung Düppel – Alsen?
Während die Truppen am 8. und 9. Februar ruhen, werden Aufklärungspatrouillen in diese zu erwartenden Hauptangriffsrichtungen entstandt. Dabei gerät am 9. Februar eine Eskadron brandenburgischer Kürassiere auf einem Erkundungsritt bei Nybel in starkes dänisches Abwehrfeuer. Hier liegen also die dänischen Vorposten. Nun weiß man: Die Schanzen und das Vorgelände sind besetzt.

Wie sieht es derweil bei den dänischen Kräften aus? Statt sich nun auf die Verteidigungsoperationen zu konzentrieren, wird erst einmal im Kabinett wieder kräftig gestritten. Der Kriegsminister spricht, wie sich das gehört, seine lebhafte Unzufriedenheit darüber aus, daß das Oberkommando die Danewerke ohne vorherige Anfrage aufgegeben hat. Er verdächtigt auch den König und den Ministerpräsidenten der Komplizenschaft mit dem Oberbefehlshaber. Man befiehlt General de Meza und seinen Stabschef nach Kopenhagen, um sich zu rechtfertigen. Das Kommando übergibt de Meza am 9. an General Lüttichau.
Im übrigen nutzen die Dänen die willkommene Verschnaufpause, um die Verteidigungsstellungen bei Düppel zu verstärken und auszubauen.

Die Einschließung von Düppel durch das I. preußische Korps

Feldmarschall Wrangel beschließt am 11. Februar, ab dem folgenden Tag (12. Februar) das I. Korps, das im Raum Glücksburg steht, gegen die Düppel-Stellung vorzuschieben, diese einzukreisen, einen Angriff aber nur dann zu unternehmen, wenn er sicheren Erfolg verspricht.
Im Befehl heißt es:

> »Eine etwaige Erstürmung der Verschanzung darf jedoch nicht stattfinden, bevor nicht das feindliche Geschütz vorher zum Schweigen gebracht ist, und überhaupt das Gelingen des Sturmes sicher vorauszusehen ist.«

Die Vorhut d. h. die Avantgarde des III. Korps wird durch die Brigade 12 des I. Korps abgelöst. Das III. Korps soll sich dem II. auf dem Marsch nach Norden Richtung Fredericia anschließen.

Die Linie der Vorposten verläuft von Ballegaard im Norden bis in den Raum hart westlich Nybel. (Skizze S. 37)
Sie wird im Laufe der nächsten zwei Wochen, also bis etwa zum 24. Februar, weiter nach vorne geschoben und verläuft dann hart westlich des Dorfes Düppel. Bis zu diesem Zeitpunkt finden aber noch zahlreiche politische Beratungen statt. Auch Moltke trifft am 12. Februar aus Berlin im Hauptquartier in Flensburg ein. Offiziell erscheint Moltke, um von den Angriffsvorbereitungen Kenntnis zu nehmen. Inoffiziell sind auch Spannungen zu beseitigen. So schreibt der Kronprinz »seine, — d. h. Moltkes — Sendung hängt mit Wrangels Kuriositäten zusammen, denengegenüber es meine Aufgabe bleibt, mit Vernunftgründen einzuwirken um Unfrieden zu verhüten«.
Und weiter schreibt er: »Wir alle waren ja außer uns, als wir Wrangels Ernennung vernahmen. Jetzt empfindet seine Majestät bereits die Folgen seiner Handlung und sendet deswegen Moltke hierher um aufzupassen, und sich gar mit mir zu besprechen, was zu tun sei!!!«
Festzuhalten ist, daß die Verfolgung des zurückweichenden Feindes nicht gerade stürmisch verlief und er dadurch sich dem Zupacken entziehen konnte. Der eigentliche Operationsplan war also gescheitert. Eine vieldiskutierte Frage ist, ob man bei heftigerem Nachdrängen wenigstens zusammen mit den zurückweichenden Nachhuten der Dänen zugleich in die verschanzte Stellung bei Düppel hätte eindringen und sich einen Sturm hätte ersparen können. Nachdem dies auch nicht gelang, blieb also nur der zeitraubende und mühsame Weg einer förmlichen Belagerung.

Auch die Politik drängt sich nun in die Kriegführung. Das Oberkommando in Flensburg entscheidet, eine Fortsetzung des Angriffs gegen Jütland mit erster Priorität auszuführen. Die Stellungen vor Düppel sollen feindliche Kräfte binden, Düppel ist sozusagen Nebenkriegsschauplatz. In Wien jedoch bekommen die Politiker allmählich »kalte Füße«. Auf Einspruch Österreichs muß König Wilhelm I. bis auf weiters das Überschreiten der jütländischen Grenze,

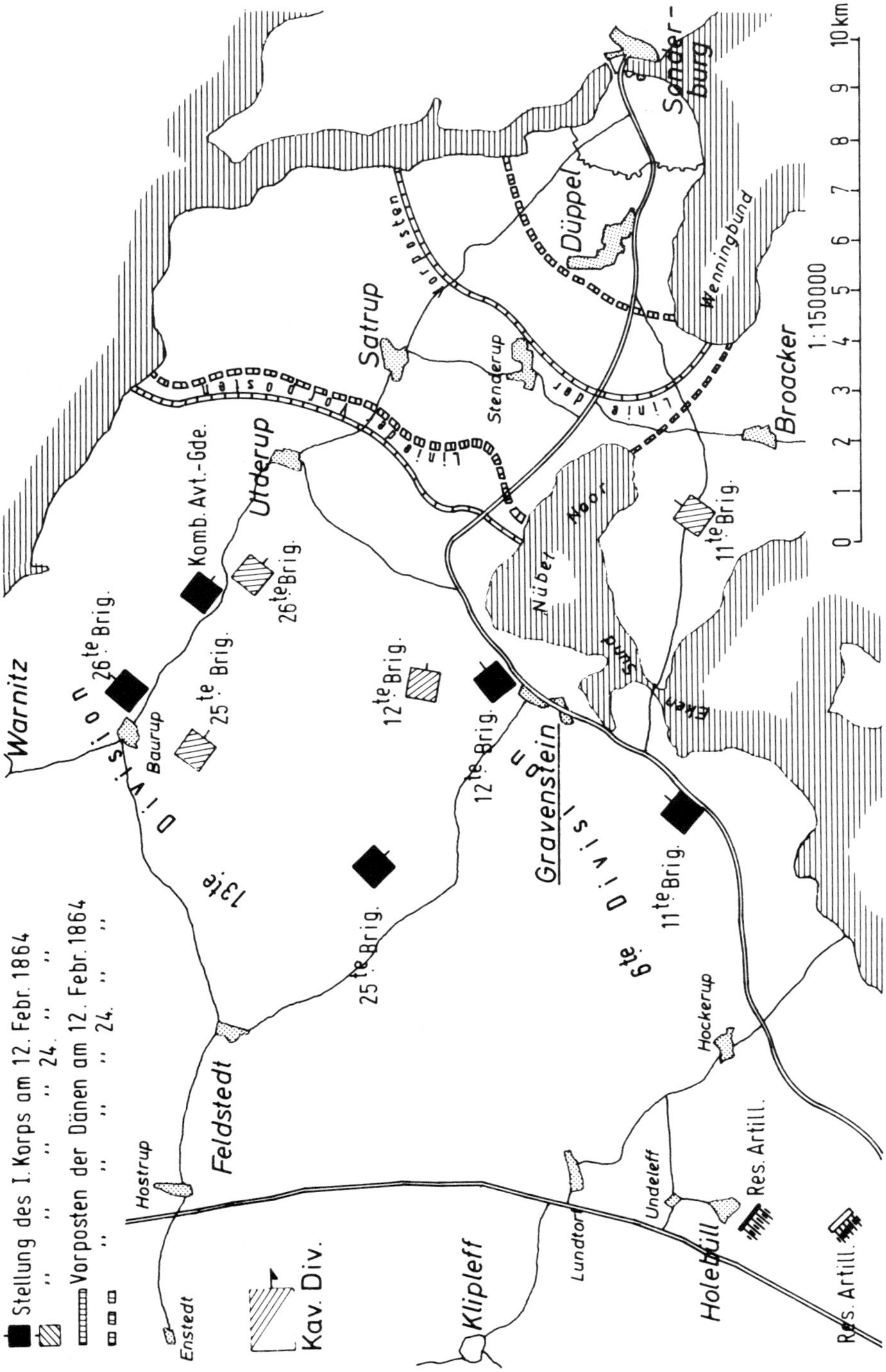

Stellung des I. Korps am 12. Febr. 1864
" " " " 24. " "
Vorposten der Dänen am 12. Febr. 1864
" " " " 24. " "
Kav. Div.
Warnitz
Baurup
26te Brig.
26te Brig.
25te Brig.
25te Brig.
Komb. Avt.-Gde.
13te Division
Feldstedt
Hostrup
Enstedt
Klipleff
Lundtoft
Holebüll
Undeleff
Res. Artill.
Res. Artill.
Hockerup
12te Brig.
12te Brig.
Gravenstein
6te Division
11te Brig.
11te Brig.
Ulderup
Satrup
Linie der Vorposten
Stenderup
Linie der Vorposten
Nübel Noor
Ekensund
Düppel
Sonder-burg
Wenningbund
Broacker
1:150000
0 1 2 3 4 5 6 7 8 9 10 km

d. h. also der Grenze zwischen dänischem Kernterritorium und dem Herzogtum Schleswig, verbieten. Die Verhandlungen, wie weiter zu verfahren ist, dauern vom 15. Februar bis 1. März. Sie sind nicht gerade einfach, denn in Unkenntnis des Grenzüberschreitungsverbots haben preußische Truppen am 18. Februar die dänische Stadt Kolding kampflos besetzt. Diese Besetzung wird auf ausdrückliche Weisung von König Wilhelm jedoch nicht rückgängig gemacht.

Das politische Einwirken auf die militärischen Operationen bringt den alten Feldmarschall Wrangel in Rage. In der Nacht vom 19. auf den 20. Februar telegraphiert er seinem König:

> »Die Preußen von ihrer Siegesbahn zurückzuholen vermag ich nicht, denn der Fluch des Vaterlandes würde noch meine Kindeskinder treffen; es mögen die Diplomaten dazu raten, gewiß können sie dann sein, daß ihr Namen an den Galgen kommen werde. Euer Majestät Befehl, ob ich von Kolding weiter nach Norden marschieren soll, sehe ich mit ehrfurchtsvoller Erwartung entgegen.«

Dieses Telegramm ruft Bismarck auf den Plan.

Er schreibt seinem König:

> »Meiner Vermutung nach hat der Feldmarschall irgendetwas über die Absicht, ihn zurückzurufen, gehört oder gemerkt, und geht damit um, die Schonung, die Eure Majestät ihm beweisen, mit Undank zu lohnen, indem er sich einen glänzenden Rücktritt vorbereitet, dadurch, daß er freiwillig abgeht und sich populär macht, indem er die Diplomatie, d. h. die Politik der Regierung, vor der Öffentlichkeit zum Vorwande der Niederlegung des Commandos nehmen will. Mein alleruntertänigster Antrag geht dahin, den Marschall durch telegrafischen Befehl berufs Besprechung der weiteren Operationen, hierher zu berufen, und die Weisung zu geben, daß inzwischen nicht weiter vorgerückt werde. Die starke Sprache des alten Herrn und die offene Aufkündigung des Gehorsams, die in den ersten Worten des Telegramms liegt, läßt mich sonst befürchten, daß er gefährliche Eigenmächtigkeiten begeht, oder mit einem öffentlich motivierten Abschieds-Verlangen das Prävenire spielt, wenn Eure Majestät ihn nicht herbeirufen.«

König Wilhelm jedoch hört weder auf den einen noch den anderen Rat. Er schreibt am 20. Februar an Bismarck zurück:

> »So wie: ›der Fluch auf Kind und Kindeskindern‹ und, ›an den Galgen‹ zu weit war, so wäre dies auch diese Zurückberufung. Ich habe ihm also den gestrigen Befehl wiederholt.« . . .

Eine kluge Entscheidung!

Der völlig verstimmte Wrangel will nun auch Kolding selbständig räumen. Dem Einspruch des Kronprinzen ist es jedoch zu verdanken, daß er diesen Befehl, der schon ausgefertigt ist, nicht absendet. So bleibt also erst einmal alles beim alten.

Die Entscheidung bei Düppel

Die Schanzen von Düppel und ihre strategische Bedeutung

Die Sundewitt genannte Halbinsel steigt von Sonderburg aus nach Westen kräftig an. An ihrem höchsten Punkt, bei der Düppeler Mühle, hat sie eine Höhe von 68 Meter und bietet eine weite Sicht. Sie fällt im Osten zum Alsensund hin allmählich, nach Süden zum Wenningbund hin ziemlich steil ab. Die zehn Schanzen in der Stellung beginnen im Süden am Wenningbund mit der Bezeichnung I und enden kurz vorm Abfall zum Alsensund mit der X. Schanze. Kern der Stellung bildet die Mühlenhochfläche mit den Schanzen III, IV, V, VI.
Sieben Schanzen, räumlich die größeren, sind rundum geschlossen, drei kleinere blieben offen.
Die Stärke der Brustwehr beträgt 4—6 Meter, die Höhe der Feuerlinie über dem Boden etwa 3—4 Meter. Sämtliche Geschütze feuern »über Bank«, um nach jeder Richtung wirken zu können. Zwar hat man auf die Sicherung der Munition durch die Anlage von Bunkern große Sorgfalt verwandt, jedoch artilleriesichere Unterkünfte für die Besatzungen in nur unzureichendem Maße gebaut. Nur in den sieben Hauptschanzen befindet sich wenigstens ein Blockhaus.
Die Besatzung der kleineren sitzt im Freien.

Am **Alsensund** hat man eine Brückenkopfstellung zur Sicherung der beiden Brücken nach Sonderburg ausgehoben. Vor der Stellung bei Düppel wurde (etwa 700 Meter) Schußfeld geschaffen, alle Häuser, Knicks und sonstige Deckungen werden von den dänischen Soldaten beseitigt. Die Gräben sind durch Palisaden verstärkt.
Einer der Hauptnachteile der Stellung ist die Tatsache, daß sie lediglich auf Verteidigung konzipiert und offensichtlich nicht für größere Gegenangriffe und Ausfälle gebaut ist.

Auch die *Dänen* haben erkannt, daß die erste Linie der Düppel-Stellung, etwa die Schanzen I—VI, von der Halbinsel Broacker aus mit weitreichender Artillerie beschossen werden können. Deshalb wird ab 11. März noch eine zweite, zurückgezogene Linie ausgebaut, sie erreicht jedoch nicht mehr die Stärke der ersten. An der Westküste der Halbinsel Alsen, nördlich Sonderburg werden einige Batterien angelegt, die das Festland bestreichen können. Die Artillerie in den Schanzen ist von der Feindseite her wegen ihrer hervorgehobenen Stellung über dem Erdboden ein deutliches Ziel, gut auszumachen und anzusprechen.

Die Dänen rechnen jedoch als Ausgleich dieser Schwächen auf ihre überlegene Flotte, die sowohl vom Alsensund aus als auch vom Wenningbund her etwaige Angreifer flankierend mit Feuer eindecken soll. Mit ihrem Panzerschiff »Rolf Krake«, einer technischen Neuerung, greifen sie auch mehrfach in die Kämpfe ein und beschießen die preußischen Angreifer. Die wissen sich jedoch mit normaler Feldartillerie des »Rolf Krake« vor Düppel und in der gesamten Flensburger Förde gut zu erwehren; sie vertreiben ihn und andere eingreifende Flotteneinheiten.

Annäherung und Belagerung der Verteidigungswerke

In seinem Befehl vom 15. Februar hat Feldmarschall Wrangel dem Prinzen Friedrich Karl und seinem I. Korps noch einmal ganz klar den Schwerpunkt seiner Operationen erläutert: er führt im weiteren Angriff tief nach Jütland hinein. Düppel ist Nebenkriegsschauplatz, hier soll vor allen Dingen mit Artillerie die Stellung sturmreif geschossen werden. Auch ein Übergang auf die Insel Alsen scheint zu waghalsig und soll höchstens als Täuschungsmanöver und Scheinangriff unternommen werden, wenn die Lage günstig ist. Der Prinz besetzt bis Anfang März zunächst die Halbinsel Broacker mit der elften Infanteriebrigade und schiebt dann in mehreren »Erkundungsgefechten« seine Vorhuten unter Zurückdrängen der dänischen Vorposten immer weiter an Düppel heran. (Anlagen, Dok. 6, 6a, 7. S. 116ff.)

Da man sich nun in einem ernsthaften Krieg mit Dänemark befindet, bemüht sich Feldmarschall Wrangel, seine rückwärtigen Verbindungen bis Hamburg hin besser in den Griff zu bekommen und zu sichern. Er beantragt bereits am 3. Februar die Verstärkung durch eine weitere preußische Infanteriebrigade, um mit ihr wichtige Punkte im Rücken der Armee zu besetzen, z. B. Hamburg, Kiel, Rendsburg. Er beantragt gleichzeitig die Unterstellung aller Bundestruppen, also auch der Sachsen und Hannoveraner, unter das gemeinsame Oberkommando. Diese beiden Anträge bieten den Diplomaten in Frankfurt und in den Residenzen von Wien bis Dresden kräftigen Stoff für langwierige Diskussionen.
Die Besetzung der festen Plätze gelingt nur unter großen Schwierigkeiten, der Antrag auf Unterstellung wird in Frankfurt am 3. März abgelehnt, das heißt diplomatisch ausgedrückt, auf ungewisse Zeit an die zuständigen Ausschüsse überwiesen.

Für den 22. Februar hat Prinz Friedrich Karl einen Erkundungsvorstoß mit starken Kräften Richtung des Gehölzes Büffelkoppel, der Dörfer Stenderup, Rackebüll und des Dorfes Düppel befohlen, um die Vorposten näher an die Schanzenlinie heranzuschieben. (Skizze S. 41)

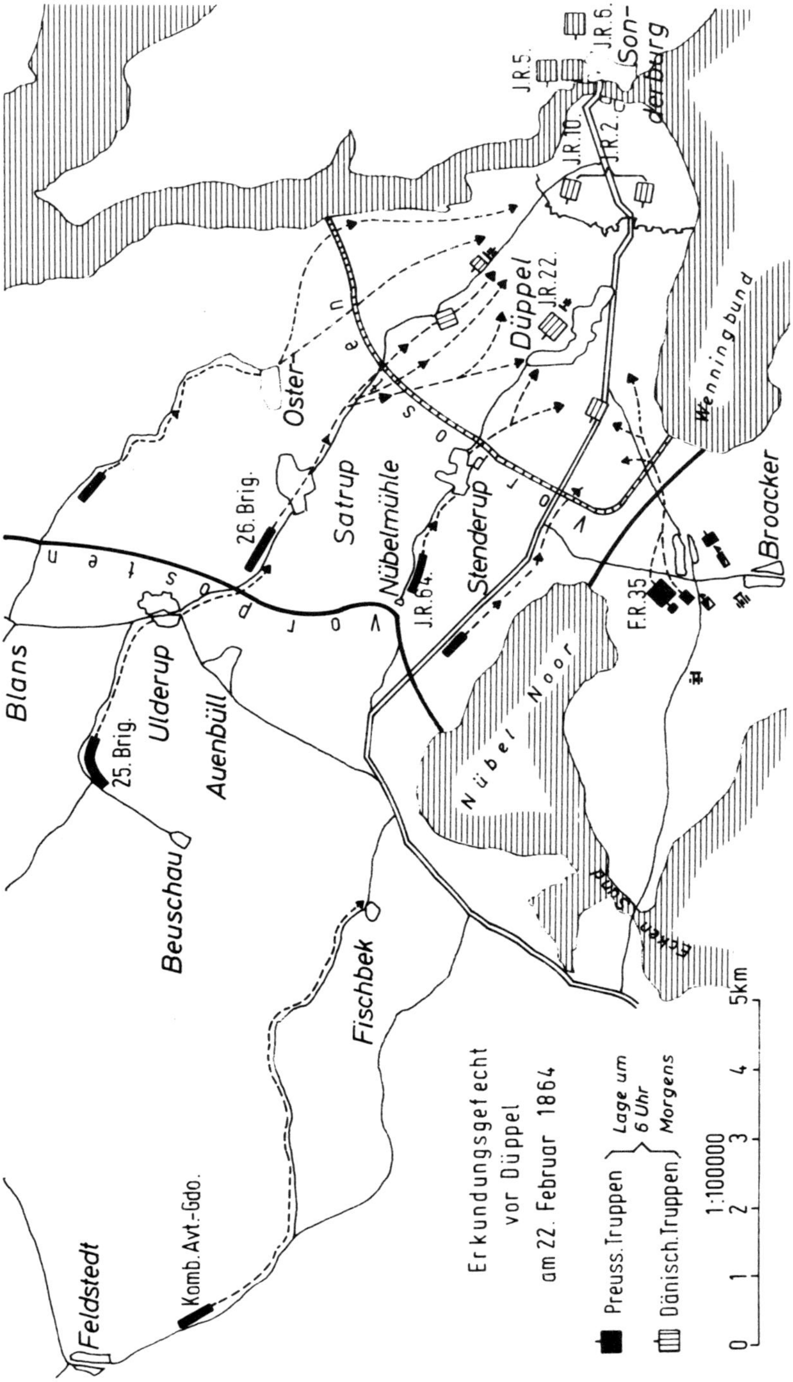
Erkundungsgefecht
vor Düppel
am 22. Februar 1864
Preuss. Truppen
Dänisch. Truppen
Lage um 6 Uhr Morgens
1:100000
0 1 2 3 4 5km
Feldstedt
Komb. Avt.-Gdo.
Fischbek
Beuschau
Blans
25. Brig.
Ulderup
Auenbüll
26. Brig.
Satrup
Nübelmühle
J.R.64.
Stenderup
Oster-
Düppel
J.R.22.
Vorposten
Vorposten
Nübel Noor
Ekken Sund
F.R.35
Broacker
Wenningbund
J.R.5.
J.R.6.
J.R.10.
J.R.2.
Son-
derburg

Durch dichtes Schneegestöber bekommen die Dänen erst sehr spät einen Überblick über die Absichten des Feindes. Doch der Knall der wenigen Schüsse wird durch den starken Nordostwind weggetragen, so daß Verstärkungen die schwachen dänischen Vorposten nicht erreichen können. So wird Rackebüll durch die 6. Brigade und Düppel durch die 12. Brigade genommen. Man macht zahlreiche dänische Gefangene. Ein Schützenzug der 7. Kompanie des Infanterieregiments Nr. 15 unter Leutnant von Burt gelangt sogar bis an das Glacis der Schanze X, muß sich jedoch wieder zurückziehen. Bei preußischen Verlusten von 33 Mann und vier Offizieren haben die Dänen zehn Offiziere und 370 Mann zu beklagen, davon 255 Mann Gefangene.

Inzwischen macht man sich im Oberkommando und auch in Berlin Gedanken, was zu tun sei, falls die österreichische Weigerung zur Besetzung dänischen Territoriums weiter bestehen bleibt. (Anlagen, S. 124f.)
Sowohl Wrangel als auch Moltke kommen zu dem Entschluß, dann den Schwerpunkt nach Düppel zu verlagern. Dieser Gedanke ist dem Prinzen Friedrich Karl von tiefstem Herzen zuwider.
Lange Belagerungen und schwierige, weil verlustreiche Erstürmungen sind nicht nach seinem Sinn. Die Erinnerung an die langwierige Belagerung von Sewastopol ist noch zu frisch. Immer wieder stellt er Überlegungen an, wie man eine Erstürmung der Schanzen von Düppel vermeiden kann. Wir werden sehen, daß er hierzu Berlin mehrere Vorschläge zum Übergang über den Sund und zur Besetzung der Insel Alsen machen wird.

Inzwischen wird an der politisch-diplomatischen Front hartnäckig gerungen: Der dänische Oberbefehlshaber, General de Meza, wird am 1. März seines Postens enthoben, als Nachfolger General Gerlach bestimmt, der aus Eckernförde stammt. Damit sind die Differenzen mit dem Kriegsministerium jedoch nicht zu Ende, sie setzen sich unter dem neuen Oberbefehlshaber gleichermaßen fort, weil widersprüchliche Befehle aus Kopenhagen kommen und z. T. von dort aus auch abenteuerliche Aktionen der Kriegführung befohlen werden.
Auf der Seite der Verbündeten ist das Gros praktisch zur Untätigkeit verurteilt, solange das Verbot des Überschreitens der dänischen Grenze besteht. Am 6. März gelingt es endlich, eine Einigung zwischen Österreich und Preußen herbeizuführen: das Verbot der Grenzüberschreitung fällt. Die Österreicher besiegen die Dänen bei Veile am 8. März und rücken auf Fredericia vor.

Die von Prinz Friedrich Karl angeforderte Belagerungsartillerie zur Beschießung der Schanzen ist inzwischen im Zulauf. Dies hindert ihn jedoch nicht, zusammen mit seinem tüchtigen Generalstabschef, Oberst von Blumenthal, bei Ballegaard, nördlich von Düppel, einen Übergang nach Alsen zu planen, notfalls auch ohne Hilfe der preußischen Flotte. Der Vorschlag wird dem König am 10. März vorgelegt. Nach einem Gutachten von Moltke, das mit dem Satz endet: »kann ich die Realisierung des sonst sehr ansprechenden Gedankens dieser Landung kaum für ausführbar halten«, lehnt Wilhelm I. den Plan am

14. März ab. Inzwischen ist auch die Zustimmung des Feldmarschalls Wrangel zu dem Plan eingegangen — wahrlich keine einfache Entscheidung für den preußischen König. (Anlagen, S. 126f.)
Es gibt Kritiker, die glauben, daß durch eine rasche Genehmigung von Ballegaard, insbesondere dann auch durch eine rasche Realisierung bei günstigem Wetter, die gesamte Belagerung von Düppel hätte vermieden werden können.
In den Hauptquartieren betreibt man, modern ausgedrückt, eine »Doppelstrategie«. Man plant Angriff auf Düppel **und** Jütland sowie Düppel-Sturm **und** Alsenübergang. Im Hauptquartier des Prinzen Friedrich Karl hat man den Belagerungsentwurf für Düppel fertiggestellt, der in allen Punkten genehmigt wird. Als Schwerpunkt wird der linke dänische Flügel, also die Schanzen I—III gewählt.
Zwei Parallelen sollen unter Ausnutzung vorhandener Deckungen, insbesondere der Knicks, auf ca. 650 und dann später 300 Meter ausgehoben werden. Das Geschehen unmittelbar vor Düppel ist durch mehrere kleinere Gegenangriffe der Dänen zur Zurückgewinnung des verlorenen Terrains vor ihren Stellungen, insbesondere die Dörfer Düppel und Rackebüll, und von preußischen Maßnahmen zur Behauptung des Terrains gekennzeichnet. Bei einem Vorstoß mit starken Kräften am 17. März wird endgültig entschieden, daß die Preußen das eroberte Terrain behalten. Die seit Mitte März herankommende Belagerungsartillerie zeigte erste Wirkung. Die Beschießung des linken dänischen Stellungsteils insbesondere der Schanzen I und II sowie der Düppeler Mühle von Broacker aus wird aufgenommen und verstärkt die Wirkung der frontal eingesetzten Batterien.
In der Zwischenzeit hat man sich in den Hauptstädten wieder tüchtig gestritten. Von Kopenhagen aus drängt der Kriegsminister auf Angriff, eine Operation, die angesichts der Kräfteverhältnisse völlig unmöglich ist. General Gerlach bietet seinen Rücktritt an, der jedoch nicht angenommen wird. Auch ein Besuch des Königs Christian in Alsen am 22. März kann den Querelen kein Ende bereiten.
In Berlin wirft man das Ruder wieder herum: Angesichts der Tatsache, daß es weder vor der Festung Fredericia, wo sich General Wrangel am 20. und 21. März zu einem mißlungenen Versuch entschlossen hatte, den Brückenkopf durch einfache Beschießung zu nehmen, noch vor Düppel vorwärts geht, kommt am 25. März beim I. Korps die Genehmigung der Ausführung des Projekts Ballegaard, d. h. des Übergangs über den Alsen-Sund mit Unterstützung der preußischen Flotte an. Der Schwerpunkt der Aktivitäten des Korps liegt daher ab sofort bei dieser Operation. Ein Angriff auf die Düppeler Schanzen ist nicht mehr beabsichtigt. Trotzdem versucht man, sich noch näher an die Schanzen heranzuschieben. Am 28. März gelingt der 10. Infanteriebrigade ein Vorstoß an den Ostrand des Dorfes Düppel bis unmittelbar vor die Schanzen. Sie wird danach heraus- und durch die Gardeinfanteriebrigade abgelöst. (Skizze S. 44)

Gefecht bei Düppel am 28. März

Lage um 5 Uhr Morgens

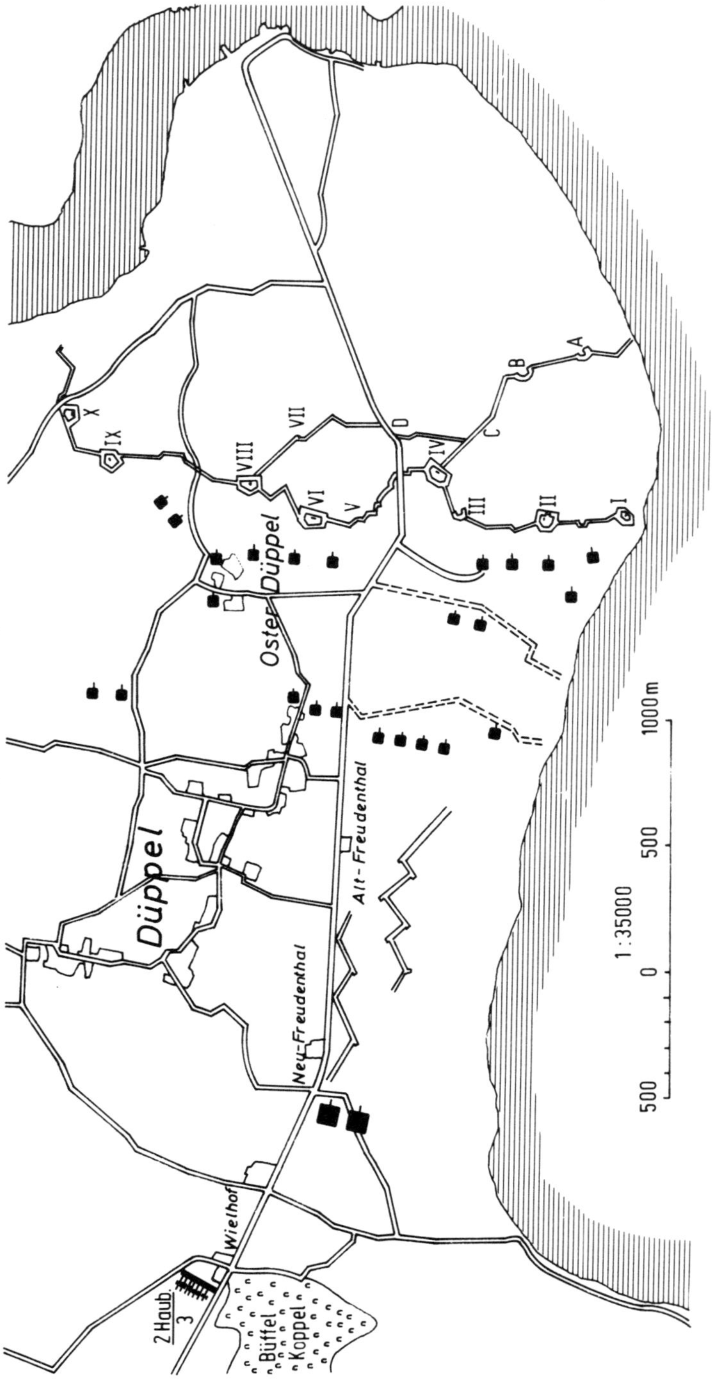

Da die Heranführung der preußischen Flotte wegen widrigen Wetters immer unwahrscheinlicher wird, beginnt man am 29. März mit dem Bau der ersten Parallele etwa 800 Meter vor den Schanzen.
Fünf Bataillone der 11. Infanteriebrigade schaffen dieses Bauwerk in einer Nacht. In der folgenden Nacht verbessern 2000 weitere Soldaten diese Stellung. Sie liegt aber tatsächlich mit 900 Metern Distanz zu den Schanzen — geländebedingt — etwas weiter weg als zunächst beabsichtigt.
Am 31. März erlaubt König Wilhelm das Ballegaard-Unternehmen ohne Flotte. Alle Vorbereitungen für den Angriff am 1. April sind getroffen, als plötzlich sehr stürmisches Wetter einsetzt. Prinz Friedrich Karl verschiebt das Unternehmen um einen Tag; da das Wetter sich jedoch weiter verschlechtert, wird das gesamte Unternehmen am 2. April abgesagt. Umgruppierungen sind erforderlich, und an Aktivitäten bleibt nur der Artilleriebeschuß. Dabei kommt es zu der äußerst unerfreulichen Beschießung der unbefestigten Stadt Sonderburg, eine Maßnahme, die die Dänen bis heute noch nicht verziehen haben. Etwas zynisch vermeldet das preußische Generalstabswerk, daß die befohlene Inbrandschießung Sonderburgs »nur in sehr unvollkommener Weise gelang«. (Skizze S. 45)

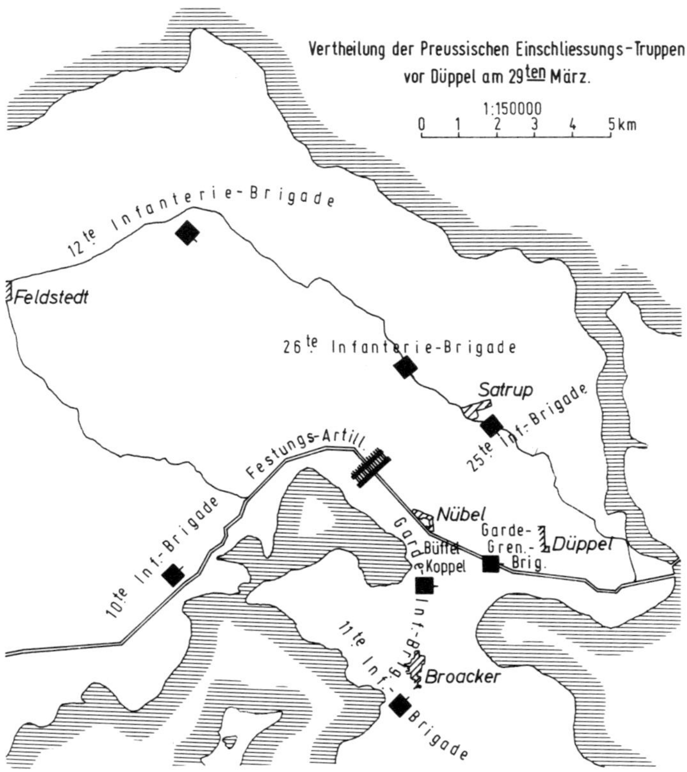

Fortsetzung des Angriffs auf die Düppel-Stellung bis zum Sturm (4. bis 17. April)

Nach der endgültigen Aufgabe des Ballegaard-Unternehmens wird nun mit allen Kräften die Angriffsvorbereitung gegen die Schanzen aufgenommen. Dazu entwickelt das I. Korps folgende Planung:

- In der Nacht vom 5. zum 6. April sollen die Vorposten weiter auf dem Angriffsgelände vorgeschoben werden.
- In der Nacht zum 7. April sollen die in der Frontalstellung befindlichen, noch mit glatten Rohren ausgerüsteten Batterien durch solche mit gezogenen Rohren ersetzt werden.
- Am 7. April Eröffnung des Feuers aus sämtlichen Batterien gleichzeitig.
- In der Nacht zum 8. April Ausheben einer neuen Parallelen (später wird sie Halbparallele genannt), da die erste Parallele für Mörser-Batterien zu weit entfernt liegt. Die Parallele soll etwa 250—350 Meter vorwärts der ersten liegen, also 650—700 Meter vor den Schanzen.
- Am 8. April Fortsetzung des Artilleriefeuerkampfes.
- In der Nacht zum 9. Einbau der Mörser-Batterien in der neuen Parallelen.
- Am 9. Fortsetzung Artillerie-Kampf.
- Ab 10. April Feuerkampf aus sämtlichen Batterien. Nach einer 3tägigen Beschießung hofft man, den Sturm am 13. April unternehmen zu können.

Die Operationen beginnen nach Plan. Das Vorpostengefecht kann mit geringen Verlusten (drei Tote, 18 Verwundete auf preußischer Seite, drei Offiziere, 66 Mann auf der dänischen Seite) geführt werden. Die Beschießung der Schanzen und Sonderburgs hat erhebliche zerstörende und auch destabilisierende Wirkung. Ein großer Teil der Einwohner Sonderburgs flüchtet. Die Brände können nur zum Teil gelöscht werden.
Mit drei Bataillonen à 500 Mann wird wie geplant in der Nacht zum 8. April die Halbparallele ausgehoben.

Der dänische General Gerlach beabsichtigt für den 9. April einen Ausfall, um die Erdarbeiten zu stören sowie die Parallelen zu beschießen, vor allen Dingen mit Schiffsartillerie.
Die Marine erklärt jedoch, daß die einzusetzenden Schiffe inklusive des Panzerschiffs »Rolf Krake« durch die feindliche Artillerie derartig beschädigt werden könnten, daß sie dann bei einem Sturm nicht mehr kampffähig seien. Als Ergebnis dieser schneidigen Abmeldung der Marine wird der Ausfall abgesagt.
Die preußische Artillerie verstärkt sich durch Heranführung von Festungsartillerie. So trifft am 9. April ein Kommando der Festungskompanie der Gardeartilleriebrigade aus Erfurt ein, am 10. erscheint die dritte Festungskom-

panie der rheinischen Artilleriebrigade Nr. 8 mit acht gezogenen 24-Pfündern und zwölf gezogenen 12-Pfünder-Kanonen aus Ehrenbreitstein auf dem Gefechtsfeld.
Die noch immer hoch über das Schlachtfeld ragende Düppeler Mühle wird am 10. April durch zusammengefaßtes Artilleriefeuer zerstört. Die heute sichtbare Mühle ist eine dänische Rekonstruktion. Den Dänen ist damit ein wichtiger Beobachtungsposten in das Kampfgelände weggenommen worden.
Nach Fertigstellung der Halbparallelen wird schmerzhaft deutlich, daß man aus ihr den Sturm auf die Schanzen nicht wagen kann. So wird noch am 8. April beschlossen, eine zweite Parallele anzulegen. Dies soll in der Nacht vom 9. auf den 10. erfolgen. Die Laufgräben sollen um 250 Meter gegen die Schanzen vorgetrieben werden. Da die Dänen im allgemeinen eine abwartende Haltung zeigen, glaubt man diese Arbeiten ohne erhebliche Störungen ausführen zu können, was auch tatsächlich der Fall ist. Am Morgen des 11. April ist die zweite Parallele fertig, die nun 250 Meter vor der Halbparallelen, d. h. insgesamt 400 Meter vor den Schanzen liegt.
Da das Wetter naß und kalt ist und die Gräben schlecht zu entwässern, sind die Soldaten in den Stellungen erheblichen Witterungsunbilden ausgesetzt.
Dies veranlaßt den Prinzen, am 11. April die Gardedivision durch Truppen der 6. Division abzulösen.

Am Abend des 11. April hält Prinz Friedrich Karl einen Kriegsrat ab, bei dem zu entscheiden ist, ob der Sturm aus der zweiten Parallelen gewagt werden kann, oder ob noch eine dritte Parallele angelegt werden soll. Man spürt aus dieser häufigen Umplanung die Unsicherheit in der Beurteilung des Erfolgs des Angriffs im preußischen Hauptquartier. An der Beratung nehmen außer den Offizieren des Generalstabs General Hindersin als Technischer Leiter des Angriffs und sein Vertreter, Oberst von Mertens, teil. Hindersin und der Chef des Stabes des Korps, Oberst von Blumenthal, sprechen sich gegen einen aus der zweiten Parallelen zu unternehmenden Sturm aus, da es ihnen zu gefährlich scheint, über 450 Meter teilweise leicht bergan zu stürmen.
Die Mehrzahl der Teilnehmer hält jedoch einen Sturm für möglich. Sie argumentieren, die allgemeine Passivität der Dänen werde anhalten, und ihre Artillerie sei durch den langen Beschuß auch nicht mehr voll kampffähig. Prinz Friedrich Karl entscheidet sich für den Sturm aus der zweiten Parallelen. Er hat wesentliche politische Gründe für diesen Entschluß, und wir müssen uns daher wieder mit der politischen Situation befassen.

Die Verbündeten brauchen dringend einen Erfolg, insbesondere weil am 12. April die Londoner Konferenz neu eröffnet werden soll. Mit dem vorgesehenen Sturm am 13. oder 14. April soll der Leiter der preußischen Politik in London wenigstens einen Waffenerfolg vorzuweisen haben. Behaglich ist bei diesem Zeitdruck niemandem zumute, weder dem Prinzen Friedrich Karl noch Bismarck: In dieser Situation erweist sich Bismarck wieder als ein

Meister der Politik. Ihm gelingt es mit einigem Finassieren in letzter Minute, die Eröffnung der Konferenz in London auf den 20. April zu verschieben. So bekommen der Ministerpräsident als Politiker, der Prinz als militärischer Oberbefehlshaber etwas Luft. Dem Kronprinzen gegenüber äußert Bismarck in Berlin:

»Wir werden die Eröffnung schwerlich bis über den 20. hinaus aufhalten können . . . Ich glaube, daß wir Düppel nehmen müssen. Das Ansehen, die europäische Bedeutung Preußens beruhen unter jetzigen Umständen auf den Leistungen und Erfolgen unserer Armee. Unsere Stellung in der Konferenz, wenn ich auch kaum glaube, daß letztere zu einem Ergebnis führen werde, ist eine andere, wenn wir die Dänen ganz vom Festland wenigstens vertrieben haben. Sie ist eine noch bessere, wenn wir ganz Jütland in Besitz haben . . .«

Nach weiterem Hin und Her und erfolgreicher Verzögerungstaktik von Seiten der alliierten Politiker ist dann auch die Londoner Konferenz nach ihrer Eröffnungssitzung am 20. April erst am 25. April voll arbeitsfähig.

Kehren wir zurück zum Kriegsrat des Prinzen Friedrich Karl. Der Sturm wird dort endgültig für den 14. April um 10.00 Uhr vormittags befohlen.
Wie sieht es unterdessen beim dänischen Oberkommando aus? Aus Sonderburg hat man am 9. April dem Kriegsministerium in einem Bericht vorgetragen, die Widerstandskraft der Stellung bei Düppel sei zwar noch nicht als gebrochen zu betrachten, jedoch die Hoffnung auf einen Erfolg nehme immer mehr ab, je länger der Feind seinen Sturm hinausschöbe. Man erbitte daher eine genaue Weisung über das weitere Verhalten. Der Kriegsminister antwortet am 11. April: »Es ist die Ansicht der Regierung, daß die Düppel-Stellung bis aufs Äußerste verteidigt werden soll«. (Anlagen, S. 128)
General Gerlach verstärkt daher die Besatzung von Düppel und Alsen durch die Überführung der 8. Infanteriebrigade von Fridericia auf die Insel, wo sie am 13. vollzählig eintrifft. (Anlagen, S. 129—137)
Mitten in die Vorbereitungen für den preußischen Angriff am 14. trifft im Hauptquartier des Prinzen Friedrich Karl in der Nacht vom 12. auf den 13. April der Flügeladjutant seiner Majestät des Königs von Preußen, Oberstleutnant von Strubberg, ein. Er übergibt ein Schreiben des Königs, in dem dieser die Anlage einer dritten Parallelen dringend empfiehlt. In Berlin hält man die Entfernung eines Sturms aus der zweiten Parallelen für zu groß. Die Stürmenden seien zu lange der Einwirkung des feindlichen Feuers ausgesetzt, und die feindlichen Reserven erhielten um so mehr Zeit, einzugreifen.
Der König weist auf die Erfahrung hin, die der Herzog von Wellington in bezug auf derartige Unternehmungen in seinen spanischen Feldzügen gegen Napoleon gemacht hat. Er berichtet seinem Sohn, Wellington habe ihm persönlich immer erklärt, daß die von ihm unternommenen Angriffe auf verschanzte Stellungen nur dann geglückt seien, wenn sie mit bedeutender Überlegenheit unternom-

◁ Otto v. Bismarck

▷ Kaiser Franz Josef

◁ Napoleon III.

▷ König Christian IX.

◁ Graf Moltke

▷ Graf von Wrangel

Blick auf die Scha

aufgenommen von Gammelmark (Broacke

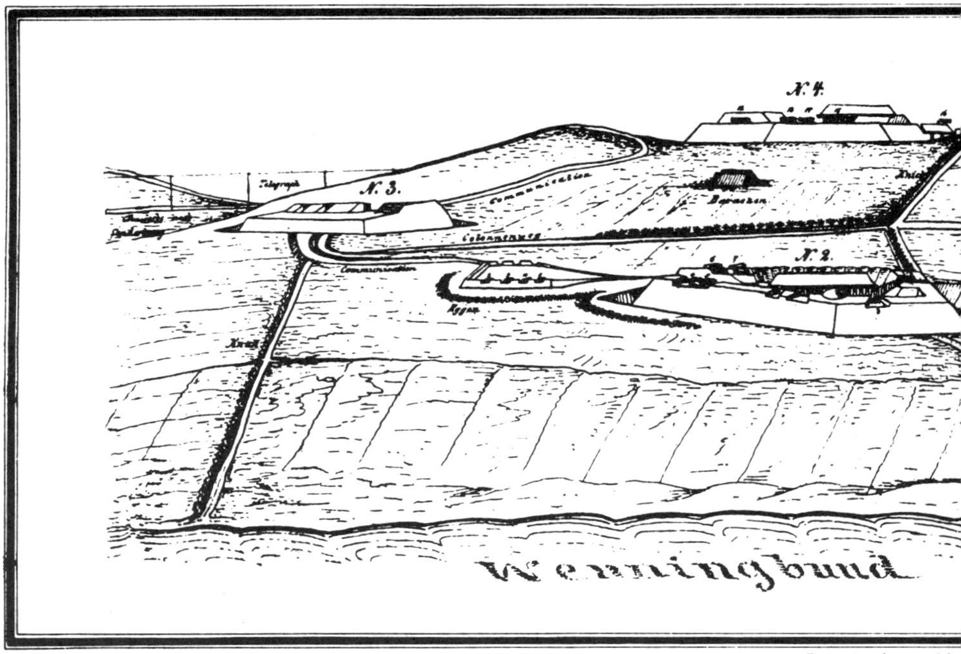

Verlag der Simon Schr

№ 1, 2, 3, 4 bei Düppel,

Perspectiv vom Ingenieur Lieutenant Diener.

artenhandlung (L. Beringuier) Berliner Lith. Institut

Düppeler Schanzen: Nach dem Sturm der preußischen Truppen am 18. April 1864. Lünette B, jetzt Strandbatterie, besetzt mit fünf gezogenen 24-Pfündern.

Düppeler Schanzen: Nach dem Sturm der preußischen Truppen am 18. April 1864. Schanze Nr. 4, Eingang.

Düppeler Schanzen: Schanze Nr. 5.

Düppeler Schanzen: Nach dem Sturm der preußischen Truppen am 18. April 1864. Schanze Nr. 6 mit Verbindungslaufgraben nach Schanze Nr. 5.

Düppeler Schanzen: Nach dem Sturm der preußischen Truppen am 18. April 1864. Schanze Nr. 7 und 8.

Düppeler Schanzen: Nach dem Sturm der preußischen Truppen am 18. April 1864. Schanze Nr. 9.

Düppeler Schanzen: Schanze Nr. 10.

men worden wären. Auch erlaubten die neuen politischen Verhältnisse (Vertagung der Konferenz) jetzt eine Aufschiebung des Sturms um wenige Tage.
Der Prinz entschließt sich nun, eine neue, eine dritte Parallele zu errichten. Er befiehlt das Vorschieben der Vorposten in der Nacht vom 13. auf den 14. und das Errichten einer dritten Parallele in der darauffolgenden Nacht zum 15. April. Diese dritte Parallele soll nun 170 Meter vor der zweiten liegen, d. h. 300 Meter etwa noch von der Schanze II und etwa 220 von der Schanze V entfernt.
Das Vorschieben der Vorposten gelingt nur unter Verlusten von über 40 Mann auf der preußischen Seite, die Dänen haben rund 160 Mann an Toten und Verwundeten zu beklagen, 102 Dänen werden gefangen. Wir sehen also, daß die Kämpfe härter werden.
Ohne größere Verluste gelingt das Ausheben der dritten Parallelen. Sie wird in der Nacht zum 17. April verbessert.

Prinz Friedrich Karl nutzt die gewonnene Zeit auch, um seine Lieblingsidee wieder aufzunehmen: den Übergang nach Alsen. Er plant ihn nun an einer relativ seichten Stelle, wo dänische Flotteneinheiten nicht eingreifen können, bei Satrupholz im Norden. Er erteilt den Befehl, Erkundungen für einen gleichzeitig mit dem Sturm auszuführenden Übergang nach Alsen vorzunehmen.
In der Nacht zum 15. April fährt der Premierleutnant Weissick vom Infanterieregiment 15 in einem Boot von der Ziegelei bei Satrupholz zur gegenüberliegenden Küste und erkundet dort das Terrain. Am 17. abends schafft man Pontons, Boote und alles schwimmfähige Material an die Übergangsstellen. In der Nacht zum 16. April rudert der tapfere Oberleutnant wieder ans andere Ufer, es gelingt ihm mit einem Stoßtrupp von zwei Unteroffizieren und 14 Mann eine dänische Batterie von zwei Geschützen zu überfallen und diese unbrauchbar zu machen.

Die Dänen haben durch die blutigen Kämpfe bis zum 10. April 753 Mann Verluste (Tote, Verwundete und Gefangene) zu beklagen. Ihre Moral ist jedoch gut. Die Schanzen sind teilweise stark beschädigt, nur noch 85 brauchbare Geschütze sind einsatzbereit. Da General Gerlach trotz des Befehls zur Verteidigung bis zum Äußersten eine solche für wenig erfolgreich hält, beabsichtigt er die Schanzenstellung nur noch mit einem Regiment besetzt zu halten, den Schwerpunkt seiner Kräfte aber nach Alsen zu verlegen.
Am 14. April läßt der Kriegsminister den Oberbefehlshaber zu einer Besprechung nach Augustenburg befehlen. Da General Gerlach erkrankt ist, läßt er seinen Stabschef, Oberstleutnant Stjernholm, zur Besprechung reisen. Dort gelingt es ihm, freie Hand in bezug auf die zu fassenden Beschlüsse zu erreichen. Doch das dänische Hin und Her geht weiter. Kaum hat man freie Hand, trifft aus Kopenhagen wiederum eine Depesche ein, nach der die Regierung an der Ansicht festhält, daß es mit Rücksicht auf die politischen

Verhältnisse von größter Bedeutung sei, die Düppelstellung bis aufs Äußerste zu halten, selbst wenn dies mit bedeutenden Verlusten verbunden wäre.
Das dänische Oberkommando versucht am 15. April nochmals durch Gegenvorstellungen, eine Aufhebung dieses Befehls zu erreichen. Das Schreiben des Oberkommandos erreicht jedoch erst nach dem Fall von Düppel den Kriegsminister.
So sind denn am 18. morgens, als der preußische Sturm beginnen soll, zwei Brigaden in den vordersten Schanzen und in der Laufgrabenlinie nebeneinander eingesetzt. Eine dritte ist zur Verteidigung der zurückgezogenen Linie bestimmt, während eine vierte Brigade den Brückenkopf besetzt hält. Die übrigen auf Alsen stehenden Teile der Armee sollen bei einem feindlichen Angriff größtenteils auf das Festland übergehen und hier zur Unterstützung der fechtenden Truppen eingesetzt werden. Die Alarmierung ist durch Signalgebung geplant, man nimmt auch an, daß die vordere Schanzenlinie solange halten wird, bis die übrigen Abteilungen dort in den Kampf eingreifen können.

Der Sturm auf die Düppeler Schanzen

Eine Übersicht über die Gliederung der preußischen Truppen vor Düppel gibt die gegenüberstehende Skizze.
Vorn rechts eingesetzt ist die 11. Brigade (Canstein), links daneben steht die 25. Brigade (Schmidt).
Der Sturm soll, durch ein sechsstündiges Artilleriefeuer vorbereitet, um 10.00 Uhr gegen die Schanzen I—VI mit sechs Sturmkolonnen beginnen. Von diesen sechs Kolonnen bestehen vier aus sechs, eine aus zehn und eine aus zwölf Infanteriekompanien. Jeder Kolonne ist eine halbe oder eine ganze Pionierkompanie sowie eine kleine Abteilung Festungsartillerie zugeteilt. Eine besondere Pionierabteilung steht für die Beseitigung der zwischen den Schanzen IV und V befindlichen Straßensperren bereit. Die Numerierung der Sturmkolonnen von I bis VI erfolgt nach der Numerierung der dänischen Schanzen. Die Zählweise ist von rechts nach links in Blickrichtung des Angreifers gesehen. Insgesamt sollen 46 Infanteriekompanien und fünf Pionierkompanien der 10. und 11. Brigade eingesetzt werden. Alle Sturmtruppen stehen unter dem Befehl des Generals von Manstein. (Anlagen, S. 138—142)
Den Soldaten wird befohlen, daß die vorderste Kompanie in jeder Kolonne — in Schützenlinie aufgelöst — so schnell wie möglich gegen die ihnen als Angriffspunkt bezeichnete Schanze vorgehen und sich am Grabenrande der Schanze einnisten soll, um das Feuer der Besatzung zu bekämpfen. Die nachfolgende, »Arbeiterkolonne« genannte, Abteilung aus Pionieren und Infanteristen soll dann die Hindernisse beseitigen. Die darauffolgenden Kompanien bilden die eigentlichen Sturmkolonnen und sollen nach der

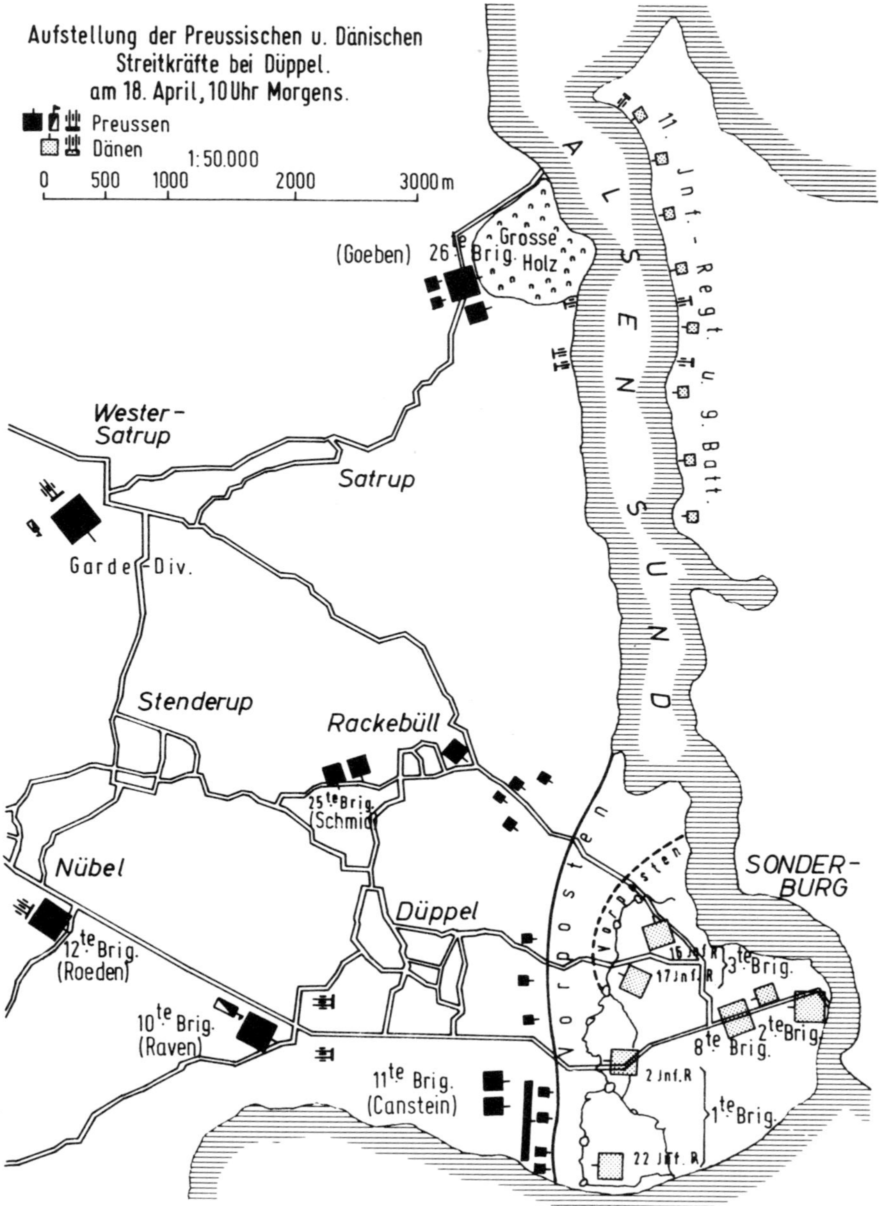
Aufstellung der Preussischen u. Dänischen
Streitkräfte bei Düppel.
am 18. April, 10 Uhr Morgens.
Preussen
Dänen
1:50.000
0 500 1000 2000 3000 m
ALSEN SUND
11. Jnf.-Regt. u. 9. Batt.
Grosse Holz
(Goeben) 26te Brig.
Wester-Satrup
Satrup
Garde-Div.
Stenderup
Rackebüll
25te Brig. (Schmid)
Nübel
Düppel
12te Brig. (Roeden)
10te Brig. (Raven)
11te Brig. (Canstein)
Vorposten
SONDERBURG
16 Jnf. R
17 Jnf. R
3te Brig.
8te Brig.
2te Brig.
2 Jnf. R
1te Brig.
22 Jnf. R

Beseitigung aller Hindernisse die Brustwehr ersteigen. Ist dies gelungen, so haben sich die Schützenkompanien gegen die Kehle, d. h. das rückwärtige Einfallstor der Schanzen zu wenden und die Besatzung gefangenzunehmen oder zu vernichten. Die 26. Brigade (Goeben) nördlich Satrupholz soll einen Scheinangriff nach Alsen führen, um die dortigen Kräfte zu binden.

Am 17. April abends findet eine letzte Besprechung statt. Die Angriffstruppen sitzen ab 2.00 Uhr morgens in der dritten Parallelen. (Anlagen, S. 143 f.)
Bemerkenswert ist der Befehl des Generals von Manstein, den er am Vormittag des 18. April den Truppen bekanntgeben läßt:

> »Auf die Energie der Truppen rechne ich mit Zuversicht. Kartätschenfeuer kann kein Anlaß sein, zu stutzen oder umzukehren. Sollten Unfälle irgendwo eintreten, so versteht sich ganz von selbst, daß die Reserve eintritt. Ich erwarte keine Meldung, sobald eine Schanze genommen wird. Es bleibt dabei, unsere Fahnen wehen von den Schanzen. Dagegen erwarte ich Meldung sobald das Festhalten der Schanze oder das Festhalten etwas vorwärts in den Retranchements errungener Vorteile, sei es durch Offensivbewegungen des Feindes, sei es durch Flankenfeuer gefährdet würde. Die Batterien in der Front werden schweigen. Die Truppen sollen sich aber nicht irre machen lassen durch das Feuer unserer Flankenbatterien, bis die Schanzen genommen sind . . .«

Am 18. April ist der Himmel unbewölkt, der Geschützdampf steigt senkrecht in die Höhe, die feindlichen Werke sind deutlich zu erkennen, der Erdboden ist ziemlich fest und trocken. Der Wettergott ist sichtlich mit den Preußen. (Karte 4)
Auf dem Feldherrenhügel, dem Spitzberg, befinden sich ab 9.00 Uhr Prinz Friedrich Karl mit seinem Stab, Feldmarschall von Wrangel und der Kronprinz sowie die Prinzen Karl und Albrecht von Preußen. Um 10.00 Uhr verstummt das Artilleriefeuer auf der gesamten Angriffsfront. Aus der dritten Parallele werfen sich die Sturmkolonnen zunächst schweigend und dann mit lauten Hurra-Rufen unter den Klängen des Yorck'schen Marsches auf die feindlichen Schanzen. Die Musikkorps der Regimenter Nr. 8, 18, 35 und 16 sind unter der Leitung des preußischen Musikdirektors Piefke, — wir kennen ihn als Komponisten zahlreicher bekannter Märsche, — in der zweiten Parallele aufgestellt worden.
Die Dänen haben die Stellungen in den Frühstunden besetzt, da ihnen die preußischen Angriffsvorbereitungen nicht verborgen geblieben sind. Auch die rückwärtige Stellung, die sogenannte zurückgezogene Linie ist zunächst besetzt. Die anhaltende Beschießung durch die preußische Artillerie führt jedoch dazu, daß die Infanteriebesatzungen der Schanzen in ihre rückwärtigen Deckungen und die Reserven in ihre alten Stellungen zurückgenommen werden. Nur die in den Laufgräben befindliche Infanterie sowie die Artillerie-

besatzung der vorderen Linie harren auf ihren Plätzen aus. Sie eröffnen, als die Sturmkolonnen hervorbrechen, mit Infanteriewaffen und den Schanzengeschützen das Feuer auf die Preußen. Das preußische Generalstabswerk bezeichnet dieses Feuer als »heftig«.

Was nun folgt, der eigentliche Sturm, ist selbstverständlich ein unübersichtliches Kampfgetümmel, das sich allerdings in überraschend kurzer Zeit abspielt. Es werden hier nur die Zeiten der einzelnen Sturmkolonnen bis zur Eroberung genannt:

Sturmkolonne I: ca. 550 Meter Weg bis zur Schanze I
Eroberung 10.06 Uhr
Das preußische Generalstabswerk nennt die ersten, die die Schanze erstiegen haben: es sind dies der Grenadier Zimmermann, der Hauptmann von Reinhard und der Grenadier Chrapkowski.

Sturmkolonne II: Weg ca. 400 Meter
Eroberung der Schanze 10.10 Uhr
In dieser Sturmkolonne II finden wir nun den Helden der preußischen Legende von Düppel: den berühmten Pionier Klinke.

Der Legende nach hat er sich wie einst der Schweizer Winkelried 1386 in der Schlacht bei Sempach mitsamt seiner Pulverladung in die Luft gesprengt, um die Pallisade zu öffnen und eine Bresche zu schlagen. Durch diese drangen dann die preußischen Angriffstrupppen ein, und die Schlacht bei Düppel war gewonnen. So stand es lange in allen Schullesebüchern im Deutschen Reich, und die Pioniertruppe verehrte in Klinke einen großen Helden.

Theodor Fontane, der mit der Schilderung des »Schleswig-Holsteinschen Krieges von 1864« seine große Serie von Kriegsbüchern eröffnet (später folgen »Der deutsche Krieg von 1866« und der »Krieg gegen Frankreich 1870—71«), schlägt sich mit der Tat des Pioniers Klinke ebenfalls herum. Zunächst berichtet er im Kapitel über den Sturm auf die Schanze II:
»Die Vordersten der Unsrigen warfen sich nieder und eröffneten ein Schnellfeuer auf die Verteidiger der Schanze. Unter dem Schutze dieses Feuers stieg der Ingenieurleutnant Diener mit einigen Pionieren in den Graben hinab, ließ einen Pulversack an die Pallisadenwand legen, welche das Vordringen hinderte, und eine Öffnung in

dieselbe sprengen. Den Pionier Klinke, welcher den Pulversack anlegte, verbrannte die Explosion in solcher Weise, daß er einige Zeit nach der Tat, bei der gesprengten Lücke liegend, seinen Geist aufgab. Diese Tat entschied über das Schicksal der Schanze . . .«

Dann wird Fontane reservierter: »Die Gefangennahme Ankers (dänischer Leutnant, Held und Verteidiger der Schanze II — Anmerkung des Verfassers) und der Opfertod Klinkes sind ein Lieblingsgegenstand für jegliche Art von Darstellung geworden; Bild und Lied haben das eine wie das andere gefeiert. Wir verweilen deshalb noch einen Augenblick bei diesen Episoden . . .« . . .»Wie über die Gefangennahme Ankers, so gehen über den Opfertod Klinkes die Ansichten auseinander . . .« Dann zitiert Fontane »einen längeren Bericht«, wonach bei der Sprengung durch die Pioniere Kitto und Klinke eine Frühzündung erfolgt sein soll, die den Pionier Klinke verletzte und verbrannte. Beim Herausklettern aus dem Graben habe er dann noch eine Schußwunde durch Arm und Brust erhalten und sei auf dem Transport ins Lazarett verstorben. Fontane fährt fort, nun wieder Preußen und der Heldengeschichte zugeneigt:

»Nach dieser Schilderung wäre Klinke gefallen wie jeder andere; ein braver Soldat, aber nicht mehr. Andere Berichte heben jedoch eigens hervor, daß die That Klinkes eine freiwillige und vorbedachte war, und Generalmajor v. Canstein, aus dessen Brigade, wie wir wissen, die zweite Sturmkolonne gebildet war, sagt wörtlich: ›Die vierte Pionier-Compagnie unter Hauptmann Daun sprengte einen Durchgang durch die Pallisaden des Grabens, wobei der Pionier Klinke, der seine Aufopferung vorher ausgesprochen, den Heldentod fand.‹ Damit stimmt ein anderer Bericht: ›. . . Die Stürmenden standen vor den Pallisaden, eine Oeffnung war nirgends vorhanden. Da trat Pionier Klinke vor und sagte: ›Ich werde Luft schaffen, Herr Lieutenant; besser einer als zehn.‹ Damit warf er den Pulversack unter die Pallisaden und stieß die Lunte hinein. Halb verbrannt flog Klinke nach der einen, die Pallisaden nach der andern Seite und durch die gewonnene Oeffnung hindurch ging es zum Siege.
Welche Leseart aber auch immer die richtige sein mag, das Volk wird sich seinen ›Klinke‹ ebenso wenig nehmen lassen wie seinen ›Froben‹. Mit der historischen Aufhel-

lung — die ohnehin höchst mißlich ist und oft noch mehr vorbeischießt als die Dichtung — ist dem Bedürfniß des Volkes nicht immer am meisten gedient.«

Nun muß, weil wir ja die Wahrheit wollen, mit den Worten des Generalstabswerks die Legende von diesem Helden etwas relativiert werden. Das Generalstabswerk berichtet: »Unteroffizier Lademann von den Pionieren entzündete den Granatzünder des 30 Pfund schweren Pulversackes. Pionier Kitto warf letzteren vom Glacis aus gegen den Fuß der Pallisaden. Durch die sofort erfolgte Sprengung wurden zwei Pallisaden umgeworfen. Pionier Klinke, welcher sich schon an der Pallisadenwand befand, wurde hierbei stark verbrannt und dann beim Herausklettern aus dem Graben von einer Kugel tödlich getroffen. Leutnant Diener wurde an der Hand verbrannt.«

Sturmkolonne III: Weg 270 Meter
Eroberung 10.05 Uhr

Sturmkolonne IV: Weg 400 Meter
Eroberung 10.13 Uhr
Anmerkung: Durch heftiges dänische Feuer greifen Teile der Kolonne versehentlich Schanze III an. Gemeinsam greifen dann von Schanze III aus Soldaten beider Kolonnen Schanze IV an.

Sturmkolonne V: Weg 320 Meter
Eroberung 10.05 Uhr

Sturmkolonne VI: Weg 330 Meter
Eroberung 10.04 Uhr 30 Sek.

Einzelheiten des Sturms siehe Anhang.

Eroberung der 2. Linie und Verfolgung des Feindes bis zum Alsensund

(Karte 4)
Der Angriff auf die zweite Linie, die nun im Gesichtsfeld der erfolgreich stürmenden preußischen Truppen liegt, wird — wie es die Art des Kampfes nicht anders mit sich bringen konnte — »von einer Anzahl zusammengewürfelter Gefechtsgruppen unternommen, deren Gesamtstärke etwa den dritten Teil des Bestandes aller sechs Sturmkolonnen ausmachte«.

So drückt es das preußische Generalstabswerk aus, und das heißt, daß die Truppen ihren Angriffsschwung ausnutzen, um die zwischen 300 Meter und 800 Meter zurückgezogene zweite Linie zu stürmen. Dies geschieht auf dem rechten Flügel schon etwa zehn Minuten nach Angriffsbeginn, also zu einer Zeit, als um die Schanze IV noch gekämpft wird, und setzt sich nach Eroberung der Schanzen von rechts nach links fort.
Auf der dänischen Seite versuchen die Reservekompanien hinter der vorderen Linie vergeblich, die zurückflutenden Soldaten aus den Schanzen und Laufgräben zum Halten zu bringen.
Das Gegenteil tritt ein: Sie werden mit in den allgemeinen Rückzug hineingezogen. So fallen allmählich die Stellungen rückwärts der Düppeler Mühlenhöhe bis zum Wenningbund. Im Gehöft Jensen weht bald die preußische Flagge; das gleiche Zeichen des preußischen Sieges weht kurz darauf am Erlenbusch und in den Ruinen der Düppeler Mühle.
Die Schanze VII wird mit den Reservekompanien der VI. Sturmkolonne, die noch verfügbar sind, durch den Hauptmann von Gliszcynski im ersten Ansturm genommen. Um 10.30 Uhr weht auch hier die preußische Flagge. Die anderen Schanzen werden von Süd nach Nord allmählich aufgerollt. Ein dänischer Gegenstoß des 17. Regiments unter Oberst von Bernstorff wird abgewiesen, der Regimentskommandeur fällt. Die Belagerungs- und Feldartillerie der Preußen konzentriert ihr Feuer auf die noch kämpfenden Schanzen VIII und IX.
Auch unser alter Bekannter, das Panzerschiff »Rolf Krake«, erscheint im Wenningbund und versucht, die preußischen Truppen, die inzwischen die zurückgezogene Linie genommen haben, unter Feuer zu nehmen. Das Schiff wird durch die Gammelmark-Batterien unter Feuer genommen, und die preußischen Artilleristen beobachten eine Reihe von Treffern. Wie der dänische Kriegsbericht nach Kriegsabschluß meldet, erleidet das Panzerschiff erhebliche Beschädigungen und verliert zwanzig Mann an Toten und Verwundeten, das heißt den dritten Teil der Mannschaft. Um 11.35 Uhr ist der »Spuk« vorbei, das Panzerschiff dampft ab.

Werfen wir noch einen Blick auf die **dänischen Reserven**, und versuchen wir die Frage zu beantworten, warum sie nicht früher zur Unterstützung der kämpfenden Bataillone in den Schanzen erschienen sind.
Beim Beginn des Sturms, also um 10.00 Uhr, war das Alarmzeichen zwar nach rückwärts weitergegeben worden, aber aus nicht mehr zu klärenden Gründen nicht bis zu den Reserven gedrungen. Anscheinend hat auch der Lärm des Artilleriefeuers das Gewehrfeuer derart übertönt, daß die Dänen auch daraus nicht schließen konnten, daß der preußische Angriff nun wirklich begonnen hatte.
Wir erinnern uns auch, daß der dänische Oberbefehlshaber nicht präsent ist, und so bleibt die traurige Feststellung, daß General du Plat erst gegen 10.30 Uhr, also schon nach dem Fall der zweiten Linie überhaupt erst über den

Angriff unterrichtet wurde. Der nun alarmierte General Gerlach erteilt etwa zur gleichen Zeit den auf Alsen stehenden Truppen telegraphisch den Befehl zum Ausrücken. Er selbst eilt an die Düppel-Stellung. Als General du Plat beim Baracken-Lager ankommt, sieht er die ganze Katastrophe: Erste und zweite Linie in preußischer Hand, preußische Truppen im Vorrücken, dänische Truppen fluten zurück. Er kann nur noch entscheiden, die verschanzten Stellungen nun auch im rechten Teil schleunigst zu räumen, um einen geordneten Rückzug sicherzustellen.
Er läßt die Brückenkopfstellung weiterhin durch die 2. Brigade besetzt halten und befiehlt der 3. Brigade den sofortigen Rückzug. Die 8. Brigade soll aus dem Barackenlager einen Gegenangriff gegen den preußischen rechten Flügel führen, um Zeit zu gewinnen. Der Angriff ist gut angesetzt, und die Preußen geraten kurze Zeit in Bedrängnis.
Auch auf preußischer Seite greifen nun allmählich die Reserven ein. Schon 10.20 Uhr hat General v. Manstein der Reserve-Brigade Canstein befohlen, die zweite Schanzenlinie zu nehmen, um die errungenen Vorteile auszubauen. Der Gegenangriff der dänischen 8. Brigade wird zurückgewiesen und verwandelt sich in einen fluchtartigen Rückzug über das Barackenlager zum Brückenkopf. Im rechten Teil der dänischen Stellung kämpfen noch die Schanzen VII, IX und X. Der Einsatzbefehl General von Mansteins an die Reservebrigade Raven zum Sturm auf die dänischen Schanzen kommt wohl parallel mit dem dänischen Rückzugsbefehl an die dort kämpfenden Soldaten. Die Preußen stürmen natürlich nicht frontal, sondern rollen aus den Schanzen V und VI die Schanzen von Süden nach Norden auf.
Um 12.00 Uhr fällt die letzte Schanze in preußische Hand.

Nach etwa dreistündigem Kampf, d. h. gegen 13.00 Uhr ist der Raum von den Schanzen bis zum Brückenkopf in preußischer Hand. Auf den zum Alsen-Sund abfallenden Vorderhang gerät die preußische Truppe nun allmählich in das Artilleriefeuer der von Alsen aus kämpfenden dänischen Batterien. Dies führt zunächst zu einem Halt. Prinz Friedrich Karl von seinem Gefechtsstand auf dem Spitzberge aus befiehlt daher General von Manstein, den Brückenkopf nur dann anzugreifen, wenn die Umstände hierfür besonders günstig sind. Er solle sich sonst aber mit der gewonnenen Stellung begnügen und sich dort zur Verteidigung einrichten. Der Befehl trifft erst ein, als die Preußen aus den gewonnenen Stellungen der ersten und zweiten Linie bereits gegen den Brückenkopf angreifen.
Gegen 13.30 Uhr gelingt es einem Zug der 9. Kompanie des Füsilierregiments Nr. 35 unter Leutnant Graf von der Schulenburg in die Brückenkopfstellungen einzudringen. Weitere Einheiten folgen, und die Dänen ziehen sich unter Abbrechen der beiden Brücken vollständig auf die Insel Alsen zurück.

Werfen wir noch einen kurzen Blick auf die Brigade Goeben im Norden bei Satrupholz, die ja als Ablenkung einen Übergangsversuch nach Alsen vortäuschen sollte. Den Dänen ist die preußische Vorbereitung am Morgen des 14. April nicht verborgen geblieben. Sie richten sich auf einen Angriff ein. Die Bereitstellung zum Scheinangriff ist ja, wir erinnern uns, bewußt in auffälliger Weise betrieben worden. Die Dänen lassen sich täuschen; die preußische Kriegslist gelingt und bindet dänische Kräfte. General Goeben läßt sich jedoch nicht verlocken, am allgemeinen Angriffsenthusiasmus teilzunehmen und etwa auch noch mit seinen schwachen Pionierkräften einen Übergang zu wagen. Er tut nur so und bindet die Dänen. Als er um 12.30 Uhr erfährt, daß alle Schanzen bis auf Nr. X erobert sind, entsendet er freiwerdende Kräfte, um beim weiteren Angriff zu helfen. Die vorrückenden Truppen erfahren allerdings, daß ohne ihre Hilfe der Brückenkopf gefallen ist und die gesamte Brigade in ihre Quartiere abrücken soll. Die Stimmung auf Seite der Brigade Goeben kann man sich leicht vorstellen.

Prinz Friedrich Karl gibt noch am gleichen Tage den Befehl zur Ablösung der vorderen Truppen durch Bataillone der Garde-Division und der Brigade Schmidt und stellt diese Truppen unter das Kommando des Generals von der Mülbe. Sie haben den Auftrag, die gewonnenen Stellungen zu besetzen und zu halten.

Ziehen wir eine kurze *Bilanz:*
Eine fünf Wochen dauernde Belagerung ist zum Abschluß gebracht, der große Sieg auf preußischer Seite ist unverkennbar. Eigentlich haben alle Grund sich zu freuen: Die stürmenden Truppen, Prinz Friedrich Karl und auch der König, der mit dem Befehl für die dritte Parallele sicher Anteil daran hat, daß nicht mehr Blut als nötig vergossen wurde.
Die Dänen können feststellen, daß dem Großteil ihrer Verbände der Übergang nach Alsen gelungen ist.
Die dänischen Fehler liegen auf der Hand: Die Truppen in der Schanzen-Stellung waren zu schwach. Die Besatzungen der Schanzen selbst waren zu weit entfernt, als der Sturm nach dem plötzlichen Abbruch des Artilleriefeuers begann. Es war ferner ungünstig, daß die zweite Linie nicht ständig mit Infanterie besetzt war. Da die Alarmierung der Reserve nicht gelingt, bricht die Verteidigung zusammen. Die Dänen haben 110 Offiziere und 4706 Mann verloren. Darunter 3549 tote Soldaten und 56 Offiziere. Die Gesamtverluste auf preußischer Seite betragen 71 Offiziere und 1130 Mann. Davon sind 17 Offiziere und 246 Mann gefallen. (Anlagen, S. 145f.)

Der Abschluß der Kriegshandlungen

Vom Sieg bei Düppel bis zum ersten Waffenstillstand (19. April bis 11. Mai 1864)

Nach dem großen, aber auch blutigen Sieg von Düppel tritt nach Umgliederung der Kräfte zunächst eine verdiente Pause für die Truppen ein. Am 21. April trifft seine Majestät König Wilhelm I. auf dem Kriegsschauplatz ein. Er versichert, auf seiner über Flensburg führenden Reise den Einwohnern, daß er »ihre Sache ausfechten wird«. Das soll bedeuten, daß Schleswig-Holstein nicht wieder dänisch werden wird. Er besucht die eroberten Schanzen und hält am 22. eine große Königsparade ab.

Am 28. April räumen die Dänen die Festung Fredericia, und österreichische Truppen nehmen sie in Besitz. Aalborg wird mit Artillerie beschossen, bleibt aber in dänischer Hand.

Am 9. Mai kommt es zu einem Seegefecht bei der Insel Helgoland. Der österreichische Admiral Tegetthoff kann sich dort gegen ein dänisches Geschwader mit seinen Schrauben-Fregatten »Schwarzenberg« und »Radetzky«, unterstützt von Teilen der preußischen Flotte, nicht durchsetzen. Am 12. Mai tritt die erste Waffenruhe in Kraft, eine logische Folge der in London seit 25. April stattfindenden Verhandlungen.

Während dieses Waffenstillstands bleibt die Selbständigkeit der dänischen Verwaltung auch in den besetzten Teilen Jütlands sowie der freie Verkehr mit den noch nicht besetzten Gebieten voll gewahrt.

Es geschieht sogar, daß die Dänen unter den Augen der Besatzung Rekruten ausheben. Die preußischen und österreichischen Truppen benehmen sich vorbildlich: Waren und Leistungen werden bezahlt, die Soldaten sind höflich und machen auf den Gehwegen Platz, wie es in einem dänischen Bericht heißt, sie benehmen sich »so bescheiden, daß man beinahe vergaß, daß sie Feinde waren«. Aber die Dänen spüren wohl, daß sie in historischen Wochen in der Geschichte ihres Vaterlandes leben. Aus der besetzten Stadt Aarhus berichtet der preußische Leutnant von Arnim:

> »Die Einwohner zeigen sich von der betrübten Seite, was allerdings leicht zu erklären ist. Die Männer sehen einen mit gleichgültigen Blicken, teilweise verhaltenem Grimm an. Die Frauen und Mädchen sind fast sämtlich in Trauer. Viele wegen Verlusts von Angehörigen, viele wegen Gram ums Vaterland. Doch hat der Jütländer einen sehr guten und ruhigen Charakter. Jeder rühmt von seinem Quartiergeber, wie liebenswürdig er ihn aufgenommen, obwohl man ihm ansähe wie schwer es ihm wäre, einen Feind des Vaterlandes bei sich zu sehen.«

Die Londoner Konferenz vom 25. April bis 25. Juni 1864

Die Londoner Konferenz, an der die Großmächte, aber auch zu Bismarcks stiller Freude der sächsische Außenminister, Graf Beust, als Vertreter des Deutschen Bundes teilnimmt, verläuft sehr kontrovers.
Preußen hält sich zunächst völlig zurück, wartet ab. Dänemark weigert sich, seine Entscheidungen über Schleswig und Holstein zurückzunehmen und hofft auf Hilfe Englands. Auch den Kompromißvorschlag einer reinen Personalunion zwischen dem Königreich Dänemark und den Herzogtümern bei Wahrung der völligen politischen Unabhängigkeit beider Gebiete lehnt man in Kopenhagen ab.
Der Vertreter des Deutschen Bundes betont den Standpunkt der nationalen deutschen Hoffnungen. Österreich ist relativ unentschlossen. Die französische Idee einer Teilung des Gebiets nach dem Nationalitätenprinzip bringt zusätzliche Verwirrung. Kurz vor dem Scheitern der Konferenz Ende Juni bringt Österreich plötzlich den Vorschlag der Erbfolge des Augustenburgers wieder auf. Zur Überraschung aller stellt sich Bismarck hinter diesen Vorschlag. Rußland schlägt die Nachfolge eines oldenburgischen erbberechtigten Vertreters aus der Linie Schleswig-Holstein-Gottorp vor, mit dem das russische Kaiserhaus verwandt ist.
Am 25. Juni ist die Konfusion perfekt, als Preußen einen französischen Vorschlag nach Volksabstimmung unterstützt, den Rußland und Österreich als Multinationalitätenstaaten verwerfen müssen. Die Konferenz geht ohne Beschluß auseinander.
Der Verlauf dieser Konferenz ist typisch für eine politische Situation, in der die Interessen der Mächte noch weit auseinanderliegen und man unter dem Druck nationaler »Öffentlicher Meinungen«, humanitärer Gefühle oder wegen der »Weltöffentlichkeit« zusammenkommt. Man tut heuchlerisch so, als sei man am Frieden höchst interessiert, schließt sich so manchem Vorschlag an, dreht kräftig mit am Vorschlags- und Resolutionskarussell und hat nie die Absicht, sich zu einigen.
Wenn es doch nach Einigung aussieht, wird schon irgendwer einen kuriosen Vorschlag machen, der alles wieder in Frage stellt. Viel geändert hat sich seit London 1864 nicht. Die Hoffnungen der Völker werden in stets gleicher Weise an der Nase herumgeführt; schuld sind immer die anderen.
Politische Konferenzen brauchen in erster Linie Interessenkoinzidenz, wenigstens partielle. Juristische Fragen sind im Kern häufig Machtfragen. Konferenzen brauchen Vorbereitung durch diskrete Sondierungen und einfallsreiche diplomatische Vorarbeit bei der Definition nationaler Maximal- und Rückfall-Positionen.
Die Entscheidung über die Zukunft der Herzogtümer Schleswig, Holstein und Lauenburg bleibt einem weiteren Abschnitt des Krieges zwischen den deutschen Staaten und Dänemark überlassen.

Fortsetzung des Krieges und endgültige militärische Niederlage Dänemarks (25. Juni bis 20. Juli 1864)

(s. Vorsatzkarte)
Mitte Mai war es im Oberkommando der verbündeten Streitkräfte in Schleswig-Holstein und Jütland zu einer Umgruppierung gekommen:
Der alte Feldmarschall Wrangel wird am 18. Mai als Oberbefehlshaber durch den Prinzen Friedrich Karl ersetzt, der preußische Generalstabschef von Moltke wird sein Chef des Stabes. General Vogel von Falckenstein führt künftig das preußische III. Korps, Freiherr von Gablenz bleibt österreichischer Oberbefehlshaber. Das I. preußische Korps übernimmt General Herwarth von Bittenfeld.
Am 29. Juni kommt es mit dem Übergang nach Alsen und der Besetzung der Insel zur Ausführung des lange geplanten preußischen Projekts, von dem wir hier schon öfter gesprochen haben.
Das Landungsunternehmen ist schwierig und auch ziemlich verlustreich. Die ca. 10000 Dänen ziehen sich nach anfänglich hartnäckigem Widerstand zurück und setzen ungehindert nach Fünen über.
In Jütland überschreiten die Verbündeten österreichisch-preußischen Armeen nach jeweils kurzen Gefechten bei Aalborg und Lundby Anfang Juli den Lijmfjord und erreichen Mitte Juli mit der Stadt Grenen das Horn von Skagen. Die Dänen ziehen sich, das Vorgehen der Verbündeten nur schwach verzögernd, auf Fünen zurück.
Die friesischen Inseln wie Sylt, Föhr, Romoe und Fanoe fallen vom 13. Juli bis 15. Juli. Sylt wird von österreichischen Truppen genommen. Keine norddeutschen Soldaten sind es, sondern ausgerechnet steirische Jäger, die am 12. Juli versuchen, vom Festland aus mit Booten auf die Insel Sylt überzusetzen. Sie scheitern am dänischen Capitain Hammer, den Fontane den »Peiniger der friesischen Inseln« nennt.
Hammer hat dort nicht etwa Menschen gequält, sein schlechter Ruf bei den Friesen rührt wohl primär aus seinem Beruf: Er war 15 Jahre Zollbeamter auf den Inseln, also der geborene Feind der der Seefahrt und dem Schmuggel auf traditionsreiche und natürliche Weise zugewandten Insulaner. Außerdem ist er nun im Krieg dänischer Offizier und tut seine Pflicht.
Am 13. Juli wiederholen die tapferen Alpenländer ihren Übergangsversuch, diesmal mit Unterstützung von zwei preußischen Kanonenbooten, »Blitz« und »Basilisk«. Aber Capitain Hammer versucht trotzdem, der Übersetzflottille den Weg zu verlegen. Nun siegt friesische List im Verbund mit österreichischer Taktik und Alpenjäger-Kondition über dänische Tapferkeit: Der friesische Lotse Andersen steuert seine Boote absichtlich aus dem Fahrwasser auf eine Sandbank. Dorthin kann der böse Hammer nicht folgen, auch seine Geschützweite reicht nicht.
Die Jäger sitzen bis zur vollständigen Ebbe ungestört auf der Sandbank;

Hammers Boote hatten sich mit dem ablaufenden Wasser weit zurückziehen müssen.
Die Steirer Jäger schleppen nun ihre Boote über die Sandbank zur Wester Ley, einer auch bei Ebbe wasserführenden Tiefe.
Eine Kompanie landet schließlich bei Morsum, die andere bei Keitum, »jubelnd von der Bevölkerung empfangen«. Sylt war genommen, ein wichtiges Datum in der Geschichte der deutschen Heil- und Seebäder.
Am 20. Juli ist das inzwischen finanziell und auch kräftemäßig ausblutende Dänemark, das jede Hoffnung auf ausländische Unterstützung hat aufgeben müssen, zu einem endgültigen Waffenstillstand bereit. Am 1. August wird ein Präliminarfriede unterzeichnet, die endgültige Regelung der Schleswig-Holstein-Frage soll auf der Wiener Konferenz erfolgen.

Der Friede von Wien (30. Oktober 1864) und seine politischen Konsequenzen

Der Wiener Friede (30. Oktober 1864)

Das politische Taktieren Österreichs und Preußens auf der einen und des Deutschen Bundes auf der anderen Seite im Sommer 1864 machte bereits deutlich, daß die politische Lösung des Schleswig-Holstein-Konfliktes genauso kompliziert und schwierig werden würde wie die Rechtsfrage in der Erbfolge, von der wir eingangs gesprochen haben. Dabei fällt die österreichische Unsicherheit, welche Haltung man denn einnehmen soll, besonders ins Auge. Im Grunde gibt es nur drei Möglichkeiten einer Entscheidung

- Schleswig-Holstein erhält eine politische Selbständigkeit im Rahmen des Deutschen Bundes;
- Annexion durch Preußen;
- Teilung der Herzogtümer und Annexion je eines Teils durch Österreich und Preußen.

Die Kontakte Bismarcks mit dem österreichischen Außenminister Rechberg während der Sommermonate Juli/August 1864 haben das Bemühen, einen Ausgleich zwischen den beiden Mächten zu schaffen. Diese Bemühungen scheitern jedoch in beiden Ländern. In Preußen bringen die konservativen Kräfte einen auch von Bismarck ins Auge gefaßten Zollvertrag zu Fall. In Österreich ist man der Meinung, daß die natürlichen Verbündeten Österreichs die Mittelstaaten sind, weil diese die österreichische Vormachtstellung garantieren. Eine Partnerschaft, d. h. eine Verhandlung von gleich zu gleich lehnen die konservativen Kräfte in Österreich ab.
Der Wiener Friedensvertrag vom 30. Oktober 1864 wählt keine der drei Lösungsmöglichkeiten für die Schleswig-Holstein-Krise, sondern schafft eine vierte: Preußen und Österreich verwalten die völlig aus dem Verbande der dänischen Monarchie ausgeschiedenen Herzogtümer gemeinsam.
Die österreichische Politik beginnt in den folgenden Monaten eine Kehrtwendung. Mit der Unterzeichnung des Wiener Friedens wird der österreichische Außenminister Rechberg entlassen. Sein Nachfolger, Graf Mensdorff-Pouilly, wird als »politisch farbloser Kavalleriegeneral« gekennzeichnet, der eine Marionette in der Hand der eigentlich politisch bestimmenden Figur, des Fürsten Esterhazy, darstellt.
Man beginnt den Augustenburger wieder zu ermutigen. In den Staaten des Deutschen Bundes herrscht die alte Stimmung zu Gunsten dieser Erbfolge noch immer vor. Überhaupt ist die Stimmung Bismarck gegenüber nach wie vor

feindlich. Auch das preußische Abgeordnetenhaus macht Bismarck weiterhin Schwierigkeiten. Die städtischen Behörden in mehreren Städten des Rheinlandes, z. B. in Köln, verweigern jegliche Beteiligung an den Feiern zum Andenken an die Vereinigung der Rheinlande mit Preußen. In Stettin lehnt man den Empfang des Kronprinzen ab, in Königsberg unterläßt man am Königsgeburtstag die Illumination, die sonst üblich ist; auch die Ausschmückung der Stadt entfällt.

Während Preußen beginnt, in Verhandlungen mit dem Herzog von Augustenburg seine Forderungen nach Sonderrechten, wie z. B. Militärstützpunkte in Kiel und Rendsburg, immer höher zu schrauben, macht die Wiener Regierung immer deutlicher, daß sie Herzog Friedrich VIII. zum Herrn von Schleswig-Holstein zu machen gedenkt. Österreich signalisiert ihm, daß es nicht gerne den Abschluß eines Sondervertrages mit Preußen sehen würde. Es ermuntert ihn auch, keine Hoheitsrechte an Preußen abzutreten.
Im übrigen läßt sich Friedrich VIII. vorwiegend in Holstein in den Städten empfangen, Ehrenjungfrauen streuen Blumen, und es macht ihm sichtlich Freude, schon ein wenig Hof zu halten.
Die zunehmenden Schwierigkeiten der preußischen (und österreichischen) Politik zeigen, daß bei Düppel und Alsen wohl ein militärischer Erfolg errungen wurde, aber, er war »errungen von der Staatskunst des Ministers, gegen den Willen der Nation, im Streit mit dem preußischen Abgeordnetenhaus, das von einem solchen Krieg gegen Dänemark nichts hatte wissen wollen, mit Truppen deren Bezahlung das Abgeordnetenhaus verweigert hatte.« (Golo Mann)

Die Scheinlösung der Schleswig-Holstein-Frage: Der Vertrag von Gastein (20. August 1865)

Der Frühsommer 1865 ist durch erhebliche Spannungen zwischen Österreich und Preußen gekennzeichnet. Im Bundestag unterstützt Österreich jetzt offen die Mittelstaaten, die bereits die Einsetzung des Augustenburgers im März beantragt haben. Bismarck unterstützt plötzlich die von Rußland favorisierte Erbfolge durch den Großherzog von Oldenburg. Er deutet außerdem in richtiger Einschätzung der österreichischen Schwäche insbesondere in Finanzfragen die Bereitschaft an, Preußens Forderungen mit Waffengewalt durchzusetzen.
Die beiden Zivilkommissare, die zur Verwaltung Schleswigs und Holsteins eingesetzt sind, die Herren von Zedlitz und von Halbhuber, geraten in Streit über die Ausweisung augustenburgischer Sympathisanten, die von Preußen als »Agenten« bezeichnet werden.
Da beide Großmächte dann doch nicht recht zum Kriege entschlossen sind, wird die definitive Auseinandersetzung vertagt. Am 14. August 1865 wird im Gasteiner Vertrag festgelegt:

- Preußen verwaltet künftig Schleswig;
- Österreich verwaltet Holstein;
- Lauenburg wird gegen eine Abfindung von 2,5 Millionen dänischer Reichstaler Preußen überlassen;
- Der Kieler Hafen wird Preußen zur Verfügung gestellt. Es erhält Rechte für Nutzung und Bau einer Eisenbahn und eines Kanals in Holstein.
- Die beiden Herzogtümer sollen in den Zollverein eintreten.

Dieser Vertrag wird bei einer persönlichen Begegnung des Kaisers Franz Joseph und König Wilhelms I. in Salzburg am 19. August bestätigt. Noch etwas ist anzumerken: Bismarck erhält für diesen Erfolg von seinem König den erblichen Grafentitel.

Das Echo auf den Gasteiner Vertrag in Deutschland ist einhellig negativ.

Auch das Ausland, voran England und Frankreich, protestiert gegen das Vorgehen der Großmächte.

Wir haben also das Bild, daß durch eine Art Friedenskonvention die Probleme nicht gelöst, sondern aufgeschoben werden. Der Einzige, der sich über die Konvention von Herzen freut, ist der österreichische Finanzminister, der bestrebt ist, die kostenträchtige schleswig-holsteinische Affäre durch Finanzentschädigungen loszuwerden.

In den folgenden Monaten werden die Spannungen nicht geringer, sie nehmen zu. Herzog Friedrich VIII. von Augustenburg tritt nun immer unverhohlener als künftiger Herzog in Holstein auf. Die preußische Presse berichtet auffällig penetrant, wie weiß gekleidete Ehrenjungfrauen ihn und seine Frau auf seinen Reisen begleiten, so als ob es sich bei ihnen um Ausgeburten der Hölle handelt; — Psychologische Kriegführung auf preußisch!

Da von österreichischer Seite die in Gastein gefundene Lösung aus Furcht vor der öffentlichen Meinung in Deutschland nur als Provisorium bezeichnet wird, behält Preußen die Möglichkeit, die Krise jederzeit anzuheizen. Politische Unentschlossenheit in der Verfolgung eines einmal für richtig erkannten Zieles zahlt sich wiederum nicht aus. Österreich weiß letztlich nicht, was es will, und wenn es sich für eine Lösung entschieden hat, ist es zögerlich in Verfolgung dieses Zieles und beim Tragen der notwendigen Konsequenzen. Die deutsche Öffentlichkeit nennt das ganze Vertragswerk einen »Kuhhandel« und ist nun, da sie Preußen schon negativ gesinnt ist und seinen Ministerpräsidenten Bismarck verachtet, auch noch auf Österreich böse.

Die Gefahr eines Krieges zwischen Österreich und Preußen rückt in den Bereich des Möglichen. Der preußische Kommissar in Schleswig führt einen energischen Vernichtungskampf gegen Anhänger des Herzogs von Augustenburg, während sein österreichischer Kollege in Holstein, Herr von Gablenz, diese unterstützt. Auch außenpolitisch beginnt Bismarck einen möglichen Krieg Preußens abzusichern: er verhandelt mit Italien und trifft im Oktober 1865 Kaiser Napoleon in Biarritz. Man kann noch nicht sagen, daß er zu einem Krieg gegen Österreich entschlossen ist, er hat wohl auch nicht den Weg eines

kalkulierten Risikos zum Krieg beschritten, aber er hat diesen Krieg wohl immer für möglich gehalten und sich darauf eingerichtet.
Eine dramatische Verschlechterung bringt am 23. Januar 1866 eine von tausenden von Bürgern besuchte Volksversammlung in Altona, die sich für die Einberufung einer schleswig-holsteinischen Ständeversammlung ausspricht. Die österreichische Unterstützung dieser Versammlung und ihrer Vorschläge ist offenkundig. Preußen stellt in seinem geharnischten Protest fest, daß diese österreichische Unterstützung die Beschlüsse von Gastein rückgängig mache. Österreich entschließt sich nun vor allem unter dem Einfluß Esterhazys, gegen Preußen Front zu machen.
Unter Vorsitz des Kaisers Franz Joseph hat der österreichische Ministerrat am 21. Februar 1866 in Ofen, Teil vom heutigen Budapest (damals Ofen und Pest), sich praktisch für einen Krieg entschieden.
Der preußische Kronrat, der am 28. Februar 1866, d. h. eine Woche später stattfindet, sieht einstimmig, mit Ausnahme des Kronprinzen, einen Krieg gegen Österreich für unvermeidbar an.
Damit sind die Würfel gefallen. Die nächsten Schritte, wie neue Vorschläge für eine Reform des Bundes durch Österreich und der preußische Antrag auf Berufung eines deutschen Parlaments sind nur noch äußere Anlässe und wohl auch Spiegelfechtereien.
Das Wiener Kabinett überträgt am 1. Juni die Erledigung der schleswig-holsteinischen Frage dem deutschen Bundestag und weist seinen Kommissar in Holstein an, zum 11. Juni die Holsteinischen Stände nach Itzehoe einzuberufen. Bismarck reagiert darauf mit der Erklärung, jetzt sei der Gasteiner Vertrag durch Österreich gebrochen und es trete das frühere gemeinsame Besitzrecht wieder in Kraft. Er befiehlt dem General von Manteuffel, in Holstein einzurücken und stellt Herrn von Gablenz frei, Schleswig wieder mit zu besetzen.
Der österreichische Kommissar verzichtet darauf und weicht unter Protest aus Holstein.
Preußen hat praktisch Holstein okkupiert, die österreichischen Truppen werden per Bahn zurückgezogen. Die Ständeversammlung wird verhindert, auch der Kronprätendent Herzog Friedrich VIII. von Augustenburg verläßt das Land. Österreich beantragt am 9. Juni beim Bundestag die Mobilmachung aller nichtpreußischen Bundeskorps. Der Antrag wird angenommen. Die Würfel zum Kriege sind gefallen. »Der Gott der Schlachten« wie man damals zu sagen pflegte, mußte — wieder einmal — entscheiden.

Lehren aus dem Deutsch-Dänischen Krieg

Am Beginn dieser Arbeit steht die Behauptung, daß aus diesem Krieg noch Lehren für die Gegenwart gezogen werden können. Hier sollen nur die wichtigsten zusammengefaßt werden.

Politische Lehren

Der politische Entschluß zur *Kriegführung durch eine Mittelmacht gegen eine eindeutige Übermacht* in der Hoffnung, es würde schon gut gehen, oder einige Freunde würden ihr sicher helfen, ist ein gefährlicher Entschluß. Dies gilt insbesondere, wenn die Kriterien für die Entscheidung zu einem Krieg vorwiegend auf emotionalen Gründen beruhen, wie dies im dänischen Entschluß der Einverleibung der Herzogtümer Schleswig, Holstein und Lauenburg der Fall war. Die Hoffnung auf Unterstützung durch Schweden und England trog, das politische Kalkül war eine krasse Fehlrechnung.
Wir haben diese Art von Fehlrechnungen in der Geschichte des öfteren, auch die Deutschen sind nicht frei davon. Die deutsche Reichsregierung hat sich zu Beginn des Ersten Weltkrieges bei der Beurteilung des geschlossenen Widerstands der Nachbar-Nationen genauso verrechnet wie Hitler bei Anfang des Zweiten Weltkrieges.
Der Krieg von 1864 war der letzte Krieg, an dem Dänemark militärisch teilgenommen hat. Er endete mit dem Verlust eines Drittels des Gebietes dieser alten Monarchie. In diesem Gebiet wohnten eine Million Einwohner. Eine Korrektur dieses Ergebnisses erfolgte erst 1922 durch die Rückgabe des überwiegend dänischsprachigen Nordschleswig.

Wir stellen fest, daß eine einseitige Abmeldung einer Nation in den »immerwährenden Frieden« ein Wunschtraum bleibt. Er gelingt nur höchst selten und hängt bei einem Klein- oder Mittelstaat mehr von der internationalen Interessenlage, denn von dem Stand der Bewaffnung des eigenen Landes ab. Dänemark jedenfalls wurde in den Zweiten Weltkrieg hineingezogen und mußte von den Alliierten befreit werden. Es hat daraus die Lehre gezogen und sich in der NATO engagiert.

Der sogenannte Deutsch-Dänische Krieg war eigentlich ein deutsch-preußisch-österreichisch-dänischer Krieg. Es war ein *Koalitionskrieg,* beschlossen in Kabinetten und was Deutschland betrifft, bestätigt auf der Bühne des Deutschen Bundestages in Frankfurt.

Seine Entwicklung zeigt, wie schwierig Koalitionskriege zu führen sind, und wie schnell gemeinsame politische Kriegsziele dann doch wieder Opfer unterschiedlicher Interessen werden. Die mit der Bundesexekution beauftragten Mittelmächte Hannover und Sachsen weigerten sich, die Grenze zum Herzogtum Schleswig zu überschreiten. Sie weigerten sich noch hartnäckiger, ihre Armeen dem preußisch-österreichischen Oberkommando im Sinne einer Gesamtkriegführung zur Verfügung zu stellen. Österreich weigerte sich, die Grenzen des Herzogtums Schleswig zu überschreiten und dänisches Territorium zu besetzen. Auch ein Blick auf die österreichische Geschichtsschreibung zeigt völlig verschiedene Wertungen.
Wir sollten uns auch in der NATO mit all ihrer militärischen Integration nicht dem Trugschluß hingeben, daß überzeugende gemeinsame Kriegsziele sozusagen automatisch vom Himmel fallen und alle Nationen diese Kriegsziele einhellig und für alle Ewigkeit verfolgen. Die zahlreichen Aktionen der politischen Führer in *diesem* Krieg, insbesondere Bismarcks, bezeugen das Gegenteil.

Sparsamkeit ist eine Tugend, überzogene Sparsamkeit und *Dominanz finanzpolitischer und haushaltspolitischer Interessen* schaden einer Armee und damit auch den Interessen des eigenen Volkes. Dänemark hat wegen unzureichender Geldmittel seine Armee unzureichend ausgerüstet und ausgebildet. Die permanente österreichische Finanznot, die schon über Jahrhunderte Tradition hat, beeinflußte auch die österreichische Politik und Kriegführung 1864. Der Verkauf Lauenburgs an Preußen mag sich in den Finanzbüchern gut ausgenommen haben, aber er war politisch eine Torheit. Die hohen Kosten der österreichischen Kriegführung fernab vom Kernland der Monarchie waren ständige Reibungspunkte zwischen dem österreichischen Kriegsminister und seinem Finanz-Kollegen. *Aus Haushaltsgründen ist eben jeder Krieg sinnlos, egal worum er geführt wird.* Trotzdem haben wir es uns nicht abgewöhnt, Kriege unter solchen Gesichtspunkten vom hohen Roß aus zu bewerten, wie man bei der Kritik am britischen Falkland-Unternehmen 1982 in allen Zeitungen lesen konnte.

Legitime *Entscheidungen von Parlamenten,* so demokratisch sie zustandegekommen sein mögen, *sind nicht immer Garant für letzte politische Weisheit.*
Das demokratische dänische Parlament treibt seine Könige zu Handlungen, denen sie innerlich widerstreben. Besonders König Christian hat zunächst die Absicht, die dänischen Ansprüche auf die Herzogtümer, die später den Krieg auslösen, nicht zu unterzeichnen. Er muß sich dem Druck der öffentlichen Meinung und des Parlaments beugen.
Auf der anderen Seite verweigert das preußische Abgeordnetenhaus permanent Bismarck die Zustimmung zum Budget, auch am 22. Januar 1864, wo die preußischen Truppen sich eigentlich schon im Krieg befinden. Die entschlossene politische Führung Preußens zieht trotzdem in den Krieg und gewinnt ihn

auch noch. Die Zustimmung des fast verblendeten Parlaments erfolgt trotzdem erst nach dem Sieg Preußens im Krieg mit Österreich 1866.
Bismarcks Spott am 22. Januar 1864 ist bitter: »Flectere si nequeo superos, Acheronta movebo! (Kann ich die Götter mir nicht geneigt machen, so werde ich die Hölle aufrühren! Vergil) . . . Sie kommen mir vor, wie Archimedes mit seinem Zirkel, der es nicht merkte, daß die Stadt erobert war . . .Wohlan denn, wenn Sie dem Staate die Mittel verweigern, die er notwendig bedarf, so werden wir sie hernehmen, wo wir sie finden!«
Man ist versucht, in Abwandlung eines Luther-Wortes in Worms festzustellen: »Parlamente haben geirrt und werden auch künftig irren.«
Es bleibt dem Spiel zwischen Parlament, Öffentlichkeit und einer entschlossenen Regierung überlassen, diese Irrtümer zum Wohle des Volkes auszugleichen oder zu vermeiden.

Die bestechenden Siege Österreichs und Preußens im Sommer 1864 verhindern nicht, daß die *enge Waffenbrüderschaft politisch in Feindschaft umschlägt.* Man kann diese Bewegung, sich von Monat zu Monat steigernd, besonders zur Jahreswende 1864/65 feststellen. Sie mündet schließlich im österreichisch-preußischen Krieg 1866. Auch beide Weltkriege bieten hierfür Beispiele.

Friedensgesten können täuschen: Zu Beginn der Schleswig-Holstein-Krise gebärden sich die eigentlich Friedfertigen, nämlich Sachsen und Hannover an der Spitze der deutschen Bewegung äußerst kriegerisch. Die Herzen aller national Gesinnten fliegen ihnen zu. Die zum Krieg entschlossenen Großmächte Österreich und Preußen betonen die strikte Einhaltung des Londoner Protokolls und geben sich friedlich — eine grobe Täuschung der Öffentlichkeit und des Auslands.

Schlechte politische Führung leitet oft eine militärische Niederlage ein. Das dänische Hin und Her in den Kriegszielen, die unklaren Aufträge an die militärische Führung lassen diese schließlich allein. Da hilft dann auch noch so große persönliche Tapferkeit nicht aus der politisch-militärischen Führungskrise.

Politische Lösungen sind — und seien sie noch so feierlich auf Friedenskonferenzen beschworen — oft Scheinlösungen und tragen den Keim einer Auseinandersetzung schon in sich. Dies gilt insbesondere, wenn mit Mitteln verbalen Kleisters Diplomaten tatsächliche vorhandene Interessengegensätze auszuräumen suchen. So löblich die Absicht ist, solche Divergenzen zu mildern, so falsch ist es, dies mit der verbalen Sauce des Kommuniqués zu versuchen. Die Tinte auf dem Papier der Wiener Friedenskonferenz 1864 war noch feucht, als die politischen Auseinandersetzungen zwischen Österreich und Preußen begannen. Die Schleswig-Holstein-Frage, in mehreren Konferenzen von London über Wien und Bad Gastein nicht zu einer Lösung geführt, war schließlich ein Anlaß — wenn auch nicht alleinige Ursache — für den deutsch-deutschen Krieg von 1866.

Militärische Lehren

Operationsplanung und Operationsdurchführung klaffen häufig weit auseinander. Wir können dies im deutsch-dänischen Krieg insbesondere bei dem Versuch erkennen, die dänischen Streitkräfte, wie es in der ursprünglichen Operationsplanung vorgesehen war, zu packen und vor Überschreitung der Grenze nach Dänemark zu vernichten.
Es ist billig, den Grund für das Scheitern nur in mangelnder Leistungsfähigkeit des Oberkommandos unter Feldmarschall Wrangel zu suchen. Zahlreiche praktische Schwierigkeiten wie Witterungsbedingungen, Glätte, Fehleinschätzung der Reaktion des Gegners, mangelhafte Kenntnis der Feindlage waren gravierende Gründe.
Hier hat die Geschichtsschreibung, wohl unter Moltkes Einfluß, meines Erachtens ein schiefes Bild gezeichnet. Es ist eben sehr viel einfacher, in Berlin am Schreibtisch zu erkennen, was wichtig ist, als in Schleswig-Holsteins Marschland bei schlechtem Wetter eine verbündete Armee zu führen.

Die *Bewertungen von Persönlichkeiten durch die Geschichtsschreibung,* insbesondere auch durch die Kriegsgeschichtsschreibung hängt stark von Kriterien des Erfolgs und Mißerfolgs, aber auch von solchen ab, die sich auf persönliche Animositäten zurückführen lassen. Feldmarschall von Wrangel, im hohen Alter von 80 Jahren, war sicherlich kein idealer Stratege; auf der anderen Seite war er ein erfahrener Truppenführer, kannte Schleswig-Holstein vom Krieg 1848/49, wurde in der Armee hochverehrt und war als »Papa Wrangel« eine schon legendäre Figur zu seinen Lebzeiten. Die Art, wie er sich energisch gegen politische Eingriffe, die ihm unsinnig erschienen, wehrte, zeigt, daß der alte Herr sicherlich schwierig war, aber geistig hellwach.
Sein Angriffsbefehl zur Eröffnung des Krieges gegen Dänemark entsprach sicher nicht der Vorschrift, war aber äußerst aussagekräftig: »In Gottes Namen druff«.
Seine Ablösung wurde auch von Bismarck betrieben, der ihm das Telegramm an den König, in dem Wrangel alle Diplomaten an den Galgen gewünscht hatte, so schnell nicht verzeihen konnte.

Es gibt eine rührende Anekdote über die spätere Versöhnung zwischen Bismarck und Wrangel. An der königlichen Tafel wendet sich Wrangel nach Wochen des eisigen, verdrossenen Schweigens an Bismarck:
»Mein Sohn, kannst Du nicht vergessen?«
»Nein.«
Wrangel nach einer kurzen Pause: »Mein Sohn, kannst Du nicht vergeben?«
»Von ganzem Herzen«, antwortete der Minister, und beide bleiben Freunde.

Auch an der Persönlichkeit des Generals Vogel von Falckenstein läßt sich die unterschiedliche Bewertung deutlich machen. Vogel von Falckenstein, der Troupier, verstand sich nicht mit Moltke. Es ist immer eine schlechte Ausgangsposition, wenn man mit dem eigenen Generalstabschef über Kreuz liegt. Eine kritisch-distanzierte Wertung seiner Führungskunst zieht sich durch die offiziellen preußischen kriegsgeschichtlichen Werke, bis hin zu seiner Versetzung vom Kommandeur der Mainarmee als Gouverneur Böhmens im Krieg gegen Österreich. Auf der anderen Seite gehört Theodor Fontane, dessen Darstellung des schleswig-holsteinischen Krieges sehr viel früher liegt als das preußische Generalstabswerk, zu seinen Verehrern. Er preist sein Durchsetzungsvermögen, seine Unabhängigkeit und seine Führungskunst.
Betrachten wir die Persönlichkeit Bismarcks und stellen wir uns vor, Preußen hätte bei Königgrätz oder Sedan verloren, so wäre er ein »Dämon« der deutschen Geschichte. Man würde darauf hinweisen, daß dieser Usurpator es über Jahre hin gewagt habe gegen das Parlament zu regieren. Nach den preußischen Siegen war eben alles anders.

Defensive ohne Angriffsoperationen bringt keine Entscheidung und hat als Ergebnis meist die Niederlage. Das dänische Konzept, sich zurückzuziehen, um den Kern der Armee zu retten und die Überlegenheit der Flotte auszuspielen, war an sich richtig. Da es jede offensive Komponente vermissen ließ, konnte es keine Entscheidung herbeiführen.
Dies wirkte sich insbesondere bei Düppel aus, wo die dänische Armee durch den preußischen Druck praktisch erwürgt worden wäre, wenn sie sich nicht zurückgezogen hätte.

Eine *Vernachlässigung einer Armee durch Kürzung finanzieller Mittel, zu kurze Dienstzeit und Halbherzigkeit bei der Durchführung eines bestimmten Mobilmachungssystems,* für das man sich entschlossen hat, rächt sich später bitter. Es war noch kein grundsätzlicher Fehler Dänemarks, die Friedensdienstzeit kräftig herabzusetzen, wenn man die Armee durch regelmäßige, konsequente Mobilisierung der Soldaten in Übung gehalten hätte. Wenn man das nicht tut, muß die Ausbildung leiden.
Das kostet im Kriege Blut.

Es ist gefährlich, eine *moderne Waffentechnik* nicht zu erkennen oder sie zu unterschätzen. So haben die Dänen, noch vorwiegend mit Glattrohrgeschützen ausgestattet, die Bedeutung des Geschützes mit gezogenem Rohr falsch eingeschätzt. Dies ist umso erstaunlicher, als die Österreicher und Franzosen mit diesen Geschützen bereits lange experimentierten, ihre Artillerie damit ausrüsteten, und sie wissen konnten, daß die Preußen diese Geschütze in der modernsten Ausführung als Hinterlader bereits einführten.
Düppel mußte fallen, wenn es vom Wenningbund aus beschossen werden konnte.

Überschätzungen moderner Waffen sind genauso fehl am Platz. Das preußische Zündnadelgewehr, das die dreifache Feuergeschwindigkeit gegenüber dem dänischen Gewehr hatte, wurde in der Kriegsgeschichte oft überschätzt. Die Österreicher setzten noch auf den Bajonettangriff und sind stolz darauf, mit ihrer Taktik genauso viel Erfolge erzielt zu haben wie die Preußen mit dem Zündnadelgewehr. Dies zeigt, daß viele Wege nach Rom führen.
Die Wirkung des Zündnadelgewehres konnte auch durch Schnelligkeit und aufgelockertes Vorgehen unterlaufen werden.

Moltkes Denkschriften im deutsch-dänischen Krieg und spätere Äußerungen zeigen bereits deutlich seine Abwendung von Clausewitz' Kernforderung des Primats der Politik.
Er meinte: »Unsere Diplomaten stürzten uns von jeher ins Unglück, unsere Generale retteten uns stets.« In seinen »Kriegslehren« findet sich der Satz: »Die Politik darf sich in die Operationen nicht eindrängen . . .«
Von dieser Erkenntnis bis zur Betonung und Durchsetzung der völligen Unabhängigkeit von der Politik waren es dann nur noch einige Schritte.
Im Zusammenspiel — besser in der Auseinandersetzung — mit der starken Persönlichkeit Bismarcks (»Es befinden sich alle die im Irrtum, die glauben, die Leitung der Politik sei in Deutschland den Gesichtspunkten des Generalstabs unterworfen und nicht umgekehrt.«) war das Ergebnis noch eindeutig: *Primat der Politik.* Danach war es umgekehrt, das Ergebnis die Niederlage von 1918.

Legendenbildungen

Es ist höchst amüsant, in der Geschichtsschreibung bis hin zum Schullesebuch die Darstellung des Deutsch-Dänischen Krieges, des deutsch-deutschen Krieges und des deutsch-französischen Krieges zu verfolgen. Das Verschweigen von Spannungen und Fehlern, die *hemmungslose Glorifizierung* von Führungspersönlichkeiten beginnt bereits mit der Darstellung des deutsch-dänischen Krieges. Da wird die Weisheit der politischen militärischen Führung über den grünen Klee gelobt, alles wird richtig gemacht, alles wird rechtzeitig geahnt, und nichts konnte schief gehen. Wir wissen inzwischen, daß es anders war.

Der versuchte Übergang des preußischen Korps unter Prinz Friedrich Karl über die Schlei ist ein gutes Einzelbeispiel für Legendenbildung. Nur sehr spät, eigentlich nach dem Ersten Weltkrieg wird zugegeben, daß man bei Missunde nun gerade die falsche Stelle für einen Übergang ausgesucht hatte. Hier waren die Dänen stark, ein Überraschungseffekt ergab sich nicht, und der Übergang ist ja dann auch mißlungen. Es spricht für die Weisheit und Führungskunst des Prinzen Friedrich Karl, daß er entgegen manchem anderen verlustreichen

Beispiel aus der Kriegsgeschichte das Gefecht abgebrochen hat, als es ihm zuviel Blut zu kosten schien.
Frontalangriffe an der stärksten Stelle gehörten noch zur Gewohnheit. Ein Beispiel dafür ist der »aus dem Sattel« angesetzte Angriff durch General Gablenz der österreichischen Brigade Nostiz frontal gegen dänische Stellungen bei Översee südlich Flensburg. Er gelang zwar, »allerdings unter nicht unbedeutenden Verlusten, fast zu schwer für den angestrebten, doch sehr begrenzten Gefechtszweck . . .« wie Oberst Allmeyer-Beck in seiner Geschichte der K. u. K. Armee schreibt.

Wir haben gesehen, daß es auch eine Legende war, zu behaupten, daß das feindliche Ausland das gute brave Deutschland mißgünstig umstellt und in den Ersten Weltkrieg getrieben hat. *Jede Nation verfolgt ihre eigenen Interessen und mischt sich in die anderer Staaten nur ein, wenn dies im eigenen Interesse liegt.* Dies war auch im deutsch-dänischen Krieg der Fall. Wäre es anders gewesen, hätte das Ausland Dänemark sofort unterstützt. Wir können viel aus dem englischen Politikerwort lernen, das feststellt
»Her Majesty's Government has neither permanent friends or enemies, only permanent interests.« (Die Regierung Ihrer Majestät hat weder permanente Freunde noch Feinde, sondern nur permanente Interessen.)

In der vaterländischen Geschichtsschreibung bis hin zum Ersten Weltkrieg entwickelt sich zunehmend eine hohle *Verlogenheit nationalistischer Phrasen.* Schon das Gedicht Theodor Fontanes »Der Tag von Düppel« ist kein Glanzstück deutscher Dichtkunst. Andere Beispiele dieser Art sind zahlreich (s. Anlagen: Die literarische »Bewältigung« S. 150ff.).
So finden wir in einer sehr populären Bismarckbiographie von 1903 den Satz: »Seit Jahrzehnten waren die Elbherzogtümer Schleswig-Holstein und Lauenburg durch die Willkürherrschaft Dänemarks in ihren heiligsten Rechten bedroht, die Schmerzenskinder Germaniens gewesen.« Sicher lag eine emotionale, glorifizierende, national überbetonte, manchmal auch chauvinistische Geschichtsschreibung im Zeitgeist begründet. Auch andere Länder waren natürlich nicht davon frei. Diese Erkenntnis hindert uns aber nicht daran, daraus zu lernen, solchen Versuchen zu widerstehen.

So ist es nur noch eine Arabeske festzustellen, daß in zahlreichen älteren Beschreibungen des Angriffs auf Düppel behauptet wird, daß die Vereinigten Musikkorps unter Kapellmeister Piefke, die zum Angriff schreitenden Truppen mit dem Düppeler Schanzenmarsch begleitet haben. In Wirklichkeit wurde er erst selbstverständlich nach dem Sieg von Düppel komponiert und bei der Parade gespielt. Die Schlacht, die hier besungen wurde, mußte ja auch erst geführt und gewonnen werden.

Zeittafel

1863	
26. 11.	Kabinetts-Order zur Vorbereitung der Mobilmachung eines aus der 6. und 13. Division bestehenden Armee-Korps
8. 12.	Kabinetts-Order zur Kriegsbereitschaft der See-Streitkräfte
15. 12.	Mobilmachungs-Order für das kombinierte Armee-Korps
1864	
15. 1.	Mobilmachungs-Order für die vier neuen Garde-Infanterie-Regimenter
20. 1.	General-Feldmarschall Freiherr v. Wrangel übernimmt den Oberbefehl über sämtliche Truppen
1. 2.	Überschreiten der Eider
1. 2.	Avantgarden-Gefecht bei Windeby
1. 2.	Gefecht mit den Kriegsschiffen »Thor« und »Esbern Snare« bei Sandkrug und Mövenberg
2. 2.	Gefecht bei Missunde
2. 2.	Erkundungs-Scharmützel bei Torfschuppen
3. 2.	Gefecht bei Ober-Selk
3. 2.	Gefecht bei Jagel
4. 2.	Artillerie-Gefecht bei den Dannewerken
4. 2.	Erkundungs-Scharmützel bei Klein Rheide
5. 2.	Vorposten-Scharmützel vor den Dannewerken
6. 2.	Gefecht bei Översee
7. 2.	Avantgarden-Scharmützel bei Flensburg
9. 2.	Erkundungs-Scharmützel bei Nübel
10. 2.	Erkundungs-Gefecht bei Wester-Satrup und Nübel
11. 2.—18. 4.	Einschließung und Belagerung der Düppeler Schanzen
18. 2.	Avantgarden-Scharmützel bei Nörre Bjert
18. 2.	Besetzung von Kolding
18. 2.	Artillerie-Gefecht mit dem Kanonenboot »Willemoes« bei Ballegaard
18. 2.	Gefecht mit dem Panzerschiff »Rolf Krake« bei Ekensund
18. 2.	Erkundungs-Gefecht an der Büffelkoppel
18. 2.	Erkundungs-Gefecht bei Rackebüll
19. 2.	Erkundungs-Scharmützel bei Sandberg
20. 2.	Erkundungs-Gefecht bei Rackebüll und Sandberg
21. 2.	Erkundungs-Gefecht bei Rackebüll
22. 2.	Erkundungs-Gefecht vor Düppel
23. 2.	Artillerie-Gefecht mit dem Panzerschiff »Esbern Snare« bei Ballegaard
23. 2.	Artillerie-Gefecht mit dem Kanonenboot »Thura« bei Stenderup Hage
24. 2.	Erkundungs-Gefecht bei Ravenskoppel

27. 2.	Erkundungs-Gefecht beim Stenderuper Holz und bei Rackebüll
29. 2.	Erkundungs-Gefecht bei Borbasse
1. 3.	Erkundungs-Gefecht bei Rackebüll und dem Rackebüller Holz
2. 3.	Erkundungs-Gefecht beim Rackebüller Holz
3. 3.	Erkundungs-Gefecht bei Neu-Freudenthal und Rackebüll
8. 3.	Einmarsch in Jütland
8. 3.	Gefecht bei Fredericia
8. 3.	Gefecht bei Beile
9. 3.—29. 4.	Einschließung von Fredericia
11. 3.	Erkundungs-Gefecht vor Fredericia
13. 3.	Überfall der Vorposten bei Lillemölle-Rackebüll
14. 3.	Vorposten-Gefecht bei Düppel und Rackebüll
14. 3.	Erkundungs-Gefecht vor Fredericia
15. 3.—18. 4.	Beschießung der Düppeler Schanzen
15. 3.	Eroberung der Insel Fehmarn
16. 3.	Vorposten-Gefecht bei Stabegaard
17. 3.	Gefecht bei Rackebüll-Düppel
17. 3.	Erkundungs-Gefecht vor Fredericia
17. 3.	See-Gefecht bei Jasmund
19. 3.	Erkundungs-Gefecht vor Fredericia
20. 3. + 21. 3.	Beschießung von Fredericia
28. 3.	Gefecht bei Düppel
Nacht vom 29. zum 30. 3.	Eröffnung der ersten Parallele gegen die Düppeler Schanzen
Nacht vom 5. zum 6. 4.	Vorposten-Gefecht vor den Düppeler Schanzen
Nacht vom 7. zum 8. 4.	Eröffnung der Halbparallele gegen die Düppeler Schanzen
10. 4.	Vorstoß auf Horsens
Nacht vom 10. zum 11. 4.	Eröffnung der zweiten Parallele gegen die Düppeler Schanzen
11. 4.	Vorposten-Gefecht vor den Düppeler Schanzen
Nacht vom 13. zum 14. 4.	Vorposten-Gefecht vor den Düppeler Schanzen
14. 4.	Erkundungs-See-Gefecht bei Jasmund
Nacht vom 14. zum 15. 4.	Eröffnung der dritten Parallele gegen die Düppeler Schanzen
16. 4.	Vorposten-Gefecht vor den Düppeler Schanzen
18. 4.	Sturm auf die Düppeler Schanzen
19. 4.	Artillerie-Gefecht am Alsensund
21. 4.	Eintreffen Seiner Majestät des Königs Wilhelm auf dem Kriegsschauplatz
21. + 22. 4.	Paraden über die Truppen im Sundewitt durch Seine Majestät den König Wilhelm
23. 4.	Artillerie-Gefecht mit einem Kanonenboot an der Küste von Fehmarn
24. 4.	See-Gefecht bei Dornbusch
28. 4.	Räumung Fredericias seitens der Dänen

29. 4.	Besetzung Fredericias durch das Österreichische Korps
30. 4.	See-Gefecht bei Neufahrwasser
5. 5.	Beschießung der Verschanzungen bei Aalborg
9. 5.	See-Gefecht bei Helgoland
12. 5.	Erste Waffenruhe
18. 5.	An Stelle des General-Feldmarschalls Freiherrn v. Wrangel erhält Seine Königliche Hoheit der Prinz Friedrich Karl den Oberbefehl über die verbündete Armee
26., 27. + 28. 6.	Artillerie-Gefechte am Alsensund
29. 6.	Übergang nach Alsen
2. 7.	See-Gefecht bei Dornbusch
3. 7.	Gefecht bei Lundby
10. 7.	Übergang über den Lijm Fjord
10. 7.—14. 7.	Einnahme des Bendsyssel
13. 7.—17. 7.	Besitznahme der Nordfriesischen Inseln
19. 7.	Übergabe der Dänischen Flottille unter Kapitän Hammer
20. 7.—31. 7.	Zweite Waffenruhe
25. 7.	Beginn der Friedensverhandlungen
31. 7.	Verlängerung der Waffenruhe bis zum 3. August
1. 8.	Abschluß des Präliminar-Friedens
30. 10.	Unterzeichnung des Friedens zu Wien
16. 11.	Räumung Jütlands

Literaturverzeichnis

Allmeyer-Beck/Lessing: Die k. u. k. Armee 1848—1914, Gütersloh 1974

Allmeyer-Beck und andere: Unser Heer. 300 Jahre österreichisches Soldatentum in Krieg und Frieden, Wien 1963

Bismarck: Gedanken und Erinnerungen, Bd. II, Stuttgart 1898

Der Deutsch-Dänische Krieg 1864, herausgegeben vom Großen Generalstabe, 3 Bde., Berlin 1887

Ernst Engelberg: Bismarck, Berlin 1986

Theodor Fontane: Der Schleswig-Holsteinische Krieg im Jahre 1864, Berlin 1866

Michael Freund: Deutsche Geschichte, München 1979

Lothar Gall: Bismarck, München 1981

Lothar Gall: Bismarck — Die großen Reden, Berlin 1983

Othmar Hackl: Politische Leitung und militärische Führung im Krieg Österreichs und Preußens gegen Dänemark 1864, in »Studien zur Militärgeschichte, Militärwissenschaft und Konfliktforschung«, Osnabrück 1977

Sebastian Haffner: Preußen ohne Legende, Hamburg 1979

Handbuch zur deutschen Militärgeschichte 1648—1939, herausgegeben vom Militärgeschichtlichen Forschungsamt, 6 Bde., München 1979/81

Gerd Heinrich: Geschichte Preußens, Frankfurt 1981

Carl Hans Hermann: Deutsche Militärgeschichte, München 1966

Hinrich Ewald Hoff: Die Kämpfe um Schleswig-Holstein 1863—1866, Kiel 1914

v. Holzing: von Moltkes Einwirkung auf den strategischen Gang des Krieges gegen Dänemark 1864, in »Beihefte zum Militärwochenblatt« 1898, Berlin

Karl Hotz: Politik und Kriegführung auf deutscher Seite im Deutsch-Dänischen Kriege 1864, Tübingen 1935

Hermann Jahnke: Fürst von Bismarck, Berlin 1903

Martin Lezius: Zelte, Posten, Werdarufer . . . Ruhm und Glanz österreichischer Regimenter, Berlin (ohne Jahresangabe)

Heinrich Lutz: Zwischen Habsburg und Preußen. Deutschland 1820—1866, Berlin 1985

Golo Mann: Deutsche Geschichte des 19. und 20. Jahrhunderts, Frankfurt 1958

Ernst Riggert: Dänische Erinnerungen an 1864, Aufsatz in »Wehrkunde« 1964, S. 188ff.

Hans J. Schoeps: Bismarck über Zeitgenossen — Zeitgenossen über Bismarck, Frankfurt 1972

L. Stache: Deutsche Geschichte, 2 Bde., Bielefeld und Cupig 1896

Gerhard Stolz: Die Schleswig-Holsteinische Armee 1848/51, in »Jahrbuch 1978 Heimatgemeinschaft Eckernförde«

Veit Valentin: Illustrierte Weltgeschichte, Bd. 3, München 1959

Wörterbuch zur Deutschen Militärgeschichte 2 Bde., Berlin (Ost) 1986

Verzeichnis wichtiger Personen

BISMARCK, Otto (Fürst) von 1815—1898
Seit 1862 preußischer Ministerpräsident 9, 11, 15ff., 38, 47, 60, 63ff., 68ff.

BLUMENTHAL, Leonhard von 1810—1900
Oberst, Chef des Generalstabes des I. Korps der Verbündeten Armeen (= III. Preußisches Armeekorps; Kommandierender General Prinz Friedrich Karl) 26, 42, 47

CHRISTIAN IX. König von Dänemark (1863—1906) 1818-1906
Prinz von Schleswig-Holstein-Sonderburg-Glücksburg. 1852 im Londoner Protokoll als präsumptiver Nachfolger Friedrich VII. von Dänemark anerkannt. Seit 15. November 1863 Nachfolger Friedrichs VII. als König von Dänemark 13, 16, 32, 43, 68

CHRISTIAN I. König von Dänemark (1448—1481) 1426—1481
Aus dem Hause Oldenburg, wurde 1460 Herzog von Schleswig-Holstein 11

FRANZ JOSEPH I. Kaiser von Österreich (1848—1916) 1830—1916 15, 17, 65f.

FRIEDRICH VII. König von Dänemark (1848—1863) 1808—1863
Sein Tod und die strittige Nachfolgefrage lösten den Deutsch-Dänischen Krieg aus 13, 15

FRIEDRICH VIII. Herzog von Augustenburg 1829—1880
Seine Bemühungen, 1863 Nachfolger des dänischen Königs Friedrich VII. als Herzog von Schleswig, Holstein und Lauenburg zu werden, beeinflussen den Ausbruch des Deutsch-Dänischen Krieges 16, 21, 64ff.

FRIEDRICH KARL Prinz von Preußen 1828—1885
General der Kavallerie, Kommandierender General des I. Korps der Verbündeten Armeen (auch Kombiniertes Armeekorps genannt = III. Preußisches Armeekorps), das unter dem Oberbefehl von Wrangel 1864 den rechten Flügel der österreichisch-preußischen Invasionsarmee bildet, seit Mai 1864 Oberbefehlshaber der Verbündeten Armeen 23, 26, 29, 31, 40ff., 47ff., 52, 57f., 61. 72

GABLENZ, Ludwig Freiherr von 1818—1874
Österreichischer Feldmarschall-Leutnant, Kommandierender General des II. Korps der Verbündeten Armee (= VI. Österreichisches Korps), Statthalter von Holstein 27, 32, 61, 65f., 73

GERLACH, Georg Daniel von
Dänischer Generalleutnant, März bis Juli 1864 Oberbefehlshaber der Dänischen Armee im Deutsch-Dänischen Krieg als Nachfolger des Generals de Meza 31, 42f., 46, 48f., 57

GONDRECOURT, Leopold Graf von
Österreichischer Generalmajor, Kommandant der österreichischen 1. Infanteriebrigade im Deutsch-Dänischen Krieg 23, 32f.

ANHANG

Die Düppeler Schanzen heute — ein Gang über das Schlachtfeld

Das Gelände und die Verteidigungsanlagen, um die 1864 so viel Blut geflossen ist, stehen heute unter Denkmalschutz. Sie werden von Traditions- und Soldatenverbänden liebevoll gepflegt.
Die Schanzen befinden sich in einem unterschiedlichen Erhaltungszustand. In jeder Schanze ist eine Skizze der Anlage aufgestellt, aus der das System von Wällen und Gräben, Hauptschußrichtung und die Anzahl der Kanonen zu entnehmen ist; dies erleichtert das Verständnis der Gesamtanlage wesentlich. Im Ganzen gesehen ist der Erhaltungszustand gut, wenn auch stellenweise aus Schanze und Verbindungsgräben ein unübersichtliches Konglomerat von Wällen und Gräben geworden ist, auf dem friedlich die Kühe weiden. Die ursprüngliche dänische Schanze ist mit weißen Betonsteinen markiert. Zusammen mit der Skizze der Anlage erhält man einen guten Überblick über Wirkungsrichtung und Ausdehnung.
Da die Preußen in einigen Schanzen ebenfalls Verteidigungsanlagen zur Behauptung des eroberten Terrains errichtet haben, sind die weißen Markierungen wichtig, um die ursprüngliche dänische Schanze kennenzulernen.
Es besteht die Absicht, eine Schanze (Schanze II) im ursprünglichen Verteidigungszustand wiederherzustellen, eine Absicht, die zu begrüßen wäre. Die zahlreichen Besucher würden einen besseren Eindruck von der geballten Wucht und Stärke der Anlage erhalten. Mit Hilfe der beigefügten Skizze kann man die Schanzen I bis X auf den gut gepflegten und grün markierten Fußwegen erwandern. Dabei fallen einem die zahlreichen Gedenksteine für gefallene Soldaten — Dänen und Preußen — ins Auge.

Wir wollen während dieses Ganges über das Schlachtfeld den Sturm auf die einzelnen Schanzen noch einmal lebendig werden lassen.
Wir erinnern uns: Die preußischen Angriffskolonnen lagen seit 2.00 Uhr in ihren »Parallelen« genannten Angriffsstellungen, tiefen Gräben mit Verbindungsgräben, die sie an die Düppelstellung herangetrieben hatten. Die dänischen Regimenter, die die Stellung besetzen sollten, hatten wegen des anhaltenden und wirkungsvollen preußischen Artilleriefeuers ihre Truppen bis auf starke Sicherungen zurückgenommen.
Um 9.00 Uhr erscheint Prinz Friedrich Karl, der Kommandierende General des I. Preußischen Korps, mit seinem Stab auf dem Spitzberg. Dieser liegt an der Straße, die von Flensburg nach Sonderburg führt, ca. 2000 Meter westlich der Düppel-Stellung. Feldmarschall von Wrangel und der Kronprinz sowie die Prinzen Karl und Albrecht beobachten das Gefechtsgeschehen ebenfalls.

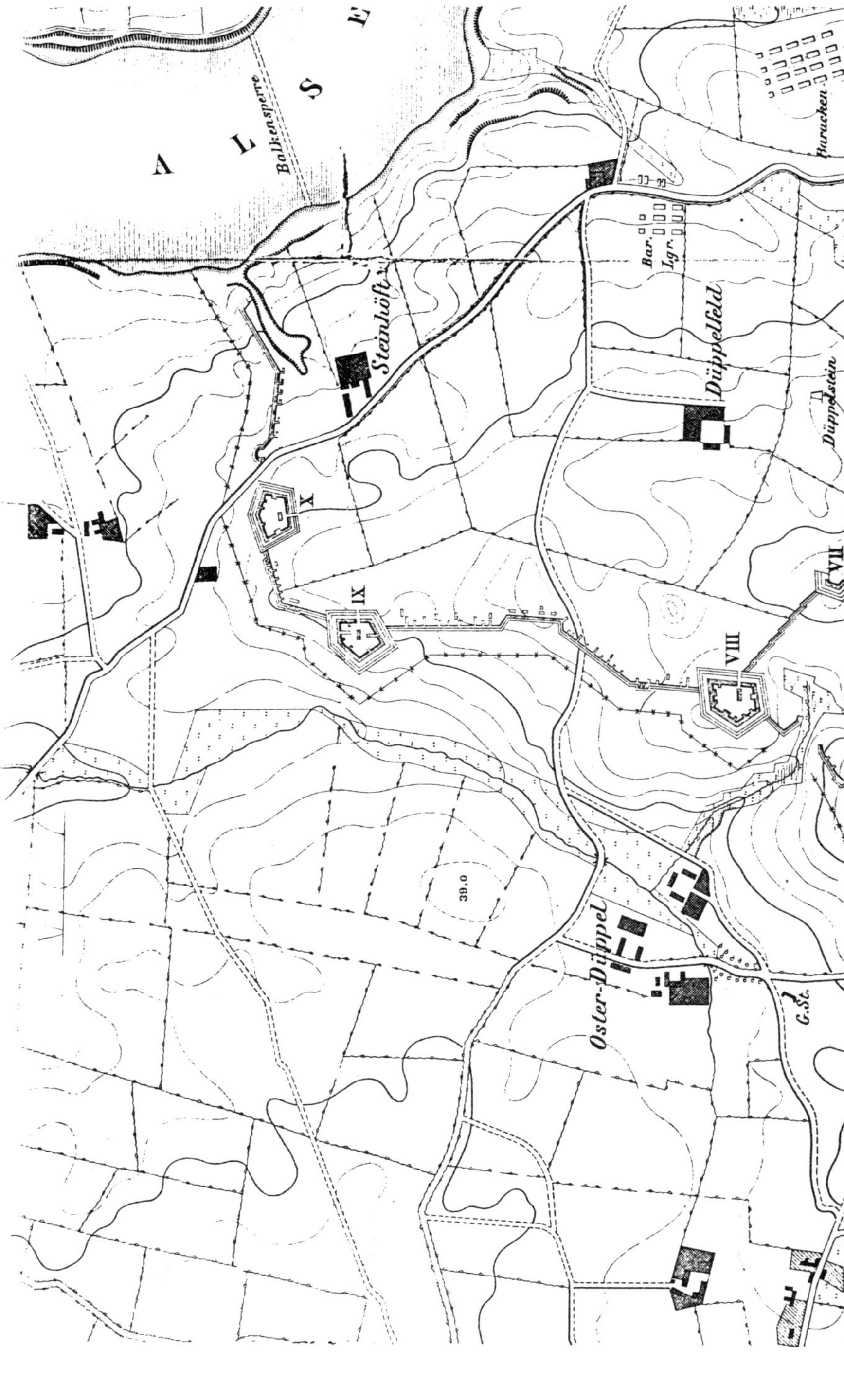
A L S E
Balkensperre
Steinhöft
Bar.
Lgr.
Baracken
Düppelfeld
Düppelstein
X
IX
VIII
VII
39.0
Oster-Düppel
G.St.

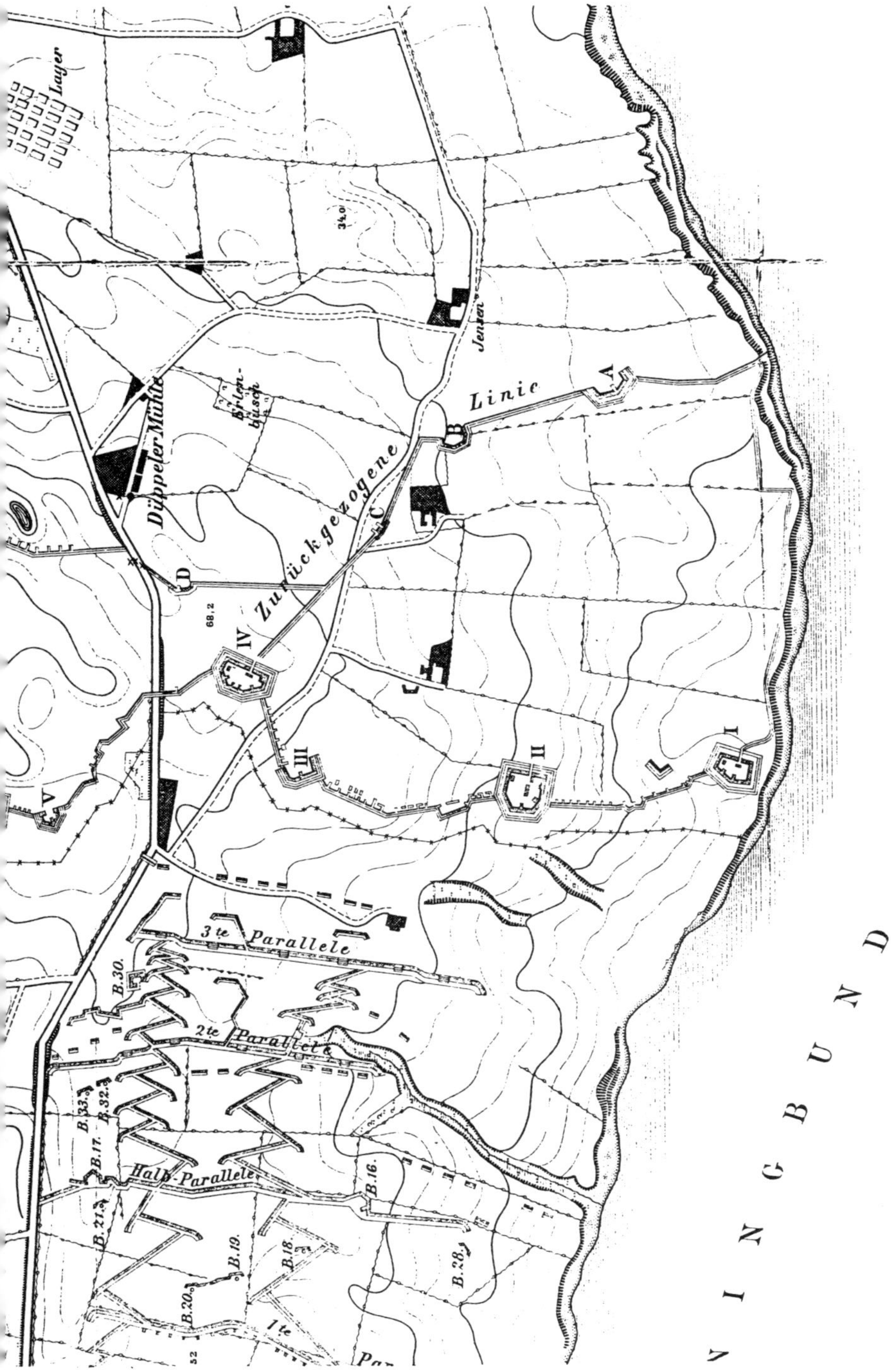
Lager
Düppeler Mühle
Zurückgezogene Linie
Jensen
34,0
68,2
A
B
C
D
I
II
III
IV
V
3te Parallele
2te Parallele
Halb-Parallele
B.30.
B.33.
B.32.
B.17.
B.16.
B.21.
B.19.
B.18.
B.28.
B.20.
1te
N G B U N D

Um Punkt 10.00 Uhr verstummt das preußische Artilleriefeuer, die Sturmgruppen brechen aus der dritten Parallele hervor und greifen unter Hurra-Rufen und den Klängen des Yorck'schen Marsches, gespielt durch vier Musikkorps unter der Leitung des Musikdirektors Piefke, an.

Schanze I

Lage: Von der südlichen Ecke der Schanze II durch ein kleines Wäldchen gut erreichbar. Sie war geschlossen und enthielt ein Blockhaus (noch gut erkennbar) sowie sechs Kanonen.
Sie wurde von der preußischen Artillerie auf dem gegenüberliegenden Gammelmark-Ufer stark beschossen.
In der Schanze auch zwei Gedenksteine, der eine für einen Offizier des dänischen Panzerschiffs »Rolf Krake«.

Entfernung von der dritten Parallele: gut 220 Meter

Verteidiger:	Abteilungen des 22. dänischen Regiments
	Stärke: 2—3 Kompanien
Angreifer:	6 Kompanien Garde
	½ Pionier-Kompanie
Kommandeur:	Major von Conta 4. Garderegiment

Gliederung:

1 Schützenkompanie:	Hauptmann v. Reinhardt vom 3. Garderegiment
½ Pionier-Kompanie:	Premierlieutenant Fritze
1 Arbeiter-Kompanie:	Hauptmann v. Wolfradt vom 4. Garderegiment
2 Sturmkompanien:	Hauptmann v. Stülpnagel vom 4. Garderegiment
	Hauptmann von Petery vom 3. Garderegiment
2 Reservekompanien:	Hauptmann von Seegenberg
	Hauptmann von Hahnke
	beide vom 3. Garderegiment

Die Sturmkolonne I hat einen etwa 550 Meter langen Weg zurückzulegen, der durch eine sumpfige Niederung führt und von der Schanze II her flankierend durch Feuer bedroht ist. Die Schützenkompanie schwärmt sofort nach Verlassen der Parallele aus, erhält heftiges Kartätsch- und Gewehrfeuer von Schanze II. Die Flügelleute der Kompanie fallen.
Die anderen Kompanien folgen in der vorgesehenen Ordnung mit Intervallen von etwa 30 Metern. An der Spitze der Kolonne trägt ein Unteroffizier die schwarz-weiße preußische Fahne. Die Schützen erreichen nach einem Dauerlauf das Drahthindernis vor der Schanze, springen in den Graben. Die dänische Besatzung, in ihren rückwärtigen Stellungen alarmiert, erreicht fast vollzählig und ebenfalls etwas atemlos die Schanze. Die Palisadierung ist trotz des Artilleriebeschusses noch fast unversehrt. Hauptmann von Reinhardt entdeckt eine Lücke, die Pioniere erweitern sie, wuchten die Pfähle heraus, ersteigen die Brustwehr, die Schützen folgen. Innerhalb der Schanze tobt ein erbitterter

Dänische Geschütze an der Gedenkstätte (Fahnenmast), Nähe Schanze IV.

Blick von der Gedenkstätte »Fahnenhöhe« auf die Düppel-Mühle.

Dänisches Denkmal nahe bei Schanze IV.

Die Düppel-Mühle, einst Beobachtungsposten, heute Museum und Aussichtspunkt.

Blick von Schanze IV nach SW zu Schanze III und Wenningbund. An der Gegenküste (Gammelmark) stand die flankierende preußische Belagerungsartillerie.

Schanze III. Inneres mit Markierung (weiß) der urprünglichen dänischen Schanze.

Oben links: Schanze II. Gedenkstein für den Pionier Klinke.

Oben rechts: Einer der zahlreichen Gedenksteine auf dem Schlachtfeld; hier für Oberst Bernstorff, Kommandeur eines dänischen Regiments.

Mitte: Gedenkstein für Capitän (Hptm.) Lundbye, Kommandant der Verteidiger der Schanze IV.

Unten links: Gemeinschaftsgrab für 209 dänische Gefallene.

Unten rechts: Gemeinschaftsgrab für 28 preußische Gefallene.

Kampf mit Kolben und Bajonett. Ein dänischer Kanonier, der mit einer brennenden Lunte in die Pulverkammer eindringen will, wird von einem Pionier durchstochen. Von fünf Geschützen sind vier demontiert, nur eins ist noch einsatzbereit. Ein Teil der Besatzung ergibt sich.
Um 10.06 Uhr weht die preußische Fahne auf der Brustwehr.
Die folgende Arbeiterkompanie stürmt zusammen mit dem Kommandeur im Laufschritt ebenfalls auf die Schanze los, ein Teil dringt von Süden, ein Teil über den nördlichen Verbindungsgraben ein. Die Sturmkompanien greifen nun dänische Infanteristen im Verbindungsgraben zwischen Schanze I und II an, andere, unter Führung des Hauptmanns von Reinhardt, attackieren durch die Verbindungsgräben, die am Strand entlang zur zurückgezogenen Linie führen, dänische Widerstandsnester.
Die Lunette A in der zurückgezogenen Linie wird genommen, die stürmenden Truppen werden angehalten und zwei Kompanien der Befehl gegeben, die genommene Schanze I gegen einen eventuellen dänischen Gegenangriff zu verteidigen. Pioniere richten die Schanze zur Verteidigung nach Osten ein: Das einzige einsatzbereite Geschütz wird gedreht, um gegen das Panzerschiff »Rolf Krake«, das im Wenningbund auftaucht, das Feuer aufzunehmen.
Preußische Verluste: 55 Mann, darunter acht Tote.

Schanze II

Lage: Auf dem Südflügel am weitesten vorgeschobene starke geschlossene Schanze mit acht Kanonen.
Sie enthielt ein Blockhaus (gut erkennbar), einen eigenen Brunnen und eine Rollbrücke über den Graben.
Vier Gedenksteine in der Schanze, die auch noch einen guten Blick nach Westen ins preußische Angriffsgelände erlaubt, erinnern an die Verteidiger (Leutnante Ancker, Carstenschiold, Korporal Nellemann) und die Angreifer (Pionier Klinke).

Entfernung:	ca. 300 Meter
Verteidiger:	Abteilungen des 22. Regiments
Angreifer:	10 Kompanien der Brigade Canstein und 1 Pionier-Kompanie
Kommandeur:	Major von Fragstein, Füsilierregiment 35

Gliederung:

3 Schützenkompanien:	Hauptmann v. Spieß vom 35. Regiment Hauptmann v. Leszinski und Hauptmann Krähe, beide vom 60. Regiment
1 Pionierkompanie:	Hauptmann Daun
1 Arbeiterkompanie:	Hauptmann Struensee vom 35. Regiment
2 Sturmkompanien:	Hauptmann Bachfeld und Hauptmann v. Schütz beide vom 35. Regiment

4 Reservekompanien: Premierlieutenant v. Treskow und
Hauptmann v. Kameke, beide vom 35. Regiment;
Premierlieutenant v. Kaminietz vom 60. Regiment und
Premierlieutenant Caspari vom 60. Regiment

Die drei Schützenkompanien stürmen nebeneinander vor und umfassen die Schanze von Norden und Süden. Das Blockhaus der Schanze war einen Tag vorher in Brand geschossen worden, die Dänen erreichen auch hier mit Masse rechtzeitig ihre Verteidigungsstellung.
Die Kompanie von Spieß dringt in die Schanze ein, die anderen Schützenkompanien besetzen die Verbindungsgräben, gekämpft wird mit der blanken Waffe. Unter dem Schutz des Feuers der Füsiliere sprengen die Pioniere eine Lücke in die Palisaden. Hierbei passiert dann die zur Legende gewordene Heldentat des Pioniers Klinke.
Wir zitieren hierzu noch einmal das preußische Generalstabswerk:
»Unteroffizier Lademann von den Pionieren entzündete den Granatzünder des 30 Pfund schweren Pulversackes. Pionier Kitto warf letzteren vom Glacis aus gegen den Fuß der Palisaden. Durch die sofort erfolgende Sprengung wurden zwei Palisaden umgeworfen, Pionier Klinke, welcher sich schon an der Palisadenwand befand, wurde hierbei stark verbrannt und dann beim Herausklettern aus dem Graben von einer Kugel tödlich getroffen. Leutnant Diener wurde an der Hand verbrannt.«
Die Sturmkompanie stürmt weiter Richtung zurückgezogene Linie, dies verschafft den Dänen in der Schanze eine Atempause, die einige dazu benutzen, die Waffen wieder aufzunehmen, nachdem, wie die Preußen böse feststellen, sie vorher um Pardon gebeten hatten. Als die Arbeiterkompanie und die anderen folgenden Sturmkompanien heran sind, finden sie die Brustwehr teilweise erneut besetzt. Die Dänen feuern wieder. Ihr Führer ist der dänische Kommandant der Artillerie Leutnant Ancker. Dieser Leutnant Ancker wird zum dänischen Helden. Seine 30 Mann hatten bis zuletzt aus ihren Kanonen gefeuert, sie dann zu vernageln versucht. Die tapferen Soldaten werden an den Geschützen niedergemacht, weil sie sich nicht ergeben. Leutnant Ancker überreicht dem auf ihn eindringenden preußischen Leutnant Schneider seinen Säbel. Auch hier stürmen die preußischen Kompanien weiter zur zurückgezogenen Linie und zur Lünette B. Zwei Kompanien verbleiben, um die Schanze notfalls zu verteidigen.
Die Schanze II ist die Wirkungsstätte zweier Helden: Auf preußischer Seite des Pioniers Klinke, dessen markantes Denkmal zur Erinnerung an seinen Tod weithin sichtbar ist, auf dänischer Seite des Leutnants Ancker. Um 10.10 Uhr weht die preußische Fahne auf der Schanze II.

Schanze III

Lage: Sie war eine hinten offene, kleinere Schanze (Lünette), mit nur vier Kanonen.

In der südlichen Ecke ein Gedenkstein für die zehn gefallenen Dänen aus der Besatzung von nur 19 Mann.

Entfernung:	270 Meter
Verteidiger:	Abteilungen des 22. Regiments
Angreifer:	6 Kompanien der Brigade Raven und ½ Pionierkompanie Kommandeur: Major Girodz v. Gaudi vom Leibgrenadierregiment 8

Gliederung:

1 Schützenkompanie:	Hauptmann v. Seydlitz vom Leibgrenadierregiment Nr. 8
½ Pionierkompanie:	Premierleutnant Bertram I.
1 Arbeiterkompanie:	Hauptmann v. Hanstein, 18. Regiment
2 Sturmkompanien:	Premierlieutenant Sack vom Leibregiment und Hauptmann Graf Finckenstein, 18. Regiment
2 Reservekompanien:	Hauptmann Milson, Leibregiment und Hauptmann v. Freyburg, 18. Regiment

Die Schützenkompanie hatte den kürzesten Angriffsweg aller Sturmkolonnen zurückzulegen. Auch ihr schlägt Kartätsch- und Gewehrfeuer entgegen. Ca. zwölf Meter vor der Schanze gehen die Füsiliere in Feuerstellung. Arbeiterkompanie und Sturmkompanien kommen heran, dringen in den Graben ein, brechen die unversehrten Palisaden auseinander ober überklettern diese Pfähle, und um 10.05 Uhr weht die schwarz-weiße Fahne auf der Brustwehr des Verteidigungswerks.

Etwa 80 Meter vor der Schanze fällt Hauptmann von Seydlitz. Die dänische Besatzung setzt ihren Widerstand im Innern der Schanze fort, sogar noch in den Munitionsräumen. Auch hier nehmen Dänen, die sich schon ergeben hatten, plötzlich wieder die Waffen in die Hand und schießen auf die nachfolgenden preußischen Sturmtruppen. Wütendes Aufeinandereindringen im Nahkampf ist die Folge.

Vom Schanzenrand aus feuern die preußischen Angreifer auf die Verteidiger des Verbindungsgrabens zur Schanze IV, auf den sie ideale Einwirkungsmöglichkeiten haben. Trotz des raschen Sturms hat die Kolonne III erhebliche Verluste. Die Führer der vier vordersten Kompanien sind alle verwundet, dazu drei Leutnante. Gesamtverluste 148 Mann, darunter zehn Offiziere. Erbeutet werden sechs Geschütze.

Schanze IV

Lage: Sie liegt auf einem der höchsten Punkte der gesamten Anlage, war stark ausgebaut und enthielt zwölf Kanonen.

Die herumliegenden Trümmer sind Teile der zerstörten Pulvermagazine. Am Eingang von der Straße und vom Parkplatz her gute Übersichtsskizze des

Südteils der Verteidigungsanlage. Ein Gedenkstein in der Schanze erinnert an die zahlreichen skandinavischen Freiwilligen (Norwegen, Schweden) in der dänischen Armee.
Das deutsche Denkmal zur Erinnerung an den Sturm von Düppel wurde im Mai 1945 von den Dänen gesprengt. Die Reliefs sind im Schloß Sonderburg.

Entfernung:	ca. 400 Meter
Verteidiger:	Abteilungen des 2. Regiments unter Capitain Lundbye
Angreifer:	12 Kompanien der Brigaden Schmidt und Goeben darunter 1 Pionierkompanie
Kommandeur:	Oberst Freiherr von Buddenbrock, Kommandeur, Infanterieregiment Nr. 53

Gliederung:

1 Schützenkompanie:	Hauptmann Boettge, 53. Infanterieregiment
1 Pionierkompanie:	Premierlieutenant Schotte
1 Arbeiterkompanie:	Premierlieutenant Wienand, 53. Infanterieregiment
3 Sturmkompanien	unter Oberstleutnant v. Döring. Die einzelnen Kompanien unter Hauptmann Wolter Hauptmann Schalle und Premierlieutenant Senckel vom 53. Infanterieregiment
5 Reservekompanien	des Infanterieregiments 53 und 55

Schanze IV gilt als der stärkste Teil der dänischen Verteidigungsstellung. Sie liegt weit zurückgezogen, und der Angreifer hat Flankenfeuer von den Schanzen III und V zu erwarten. Die Geschütze der Schanze haben eine ideale Feuerstellung.
Hinter der Schanze stehen erhebliche dänische Reserven. So ist es nicht verwunderlich, daß beim Sturm auf diese Schanze der Angriff der Sturmkolonne IV nicht nach Plan verläuft. Aber: C' est la guerre.
Da die starke Sturmkolonne nicht geschlossen in der dritten Parallele untergebracht werden kann, gibt es beim Heraustreten aus der Deckung Orientierungsschwierigkeiten der einzelnen Kompanien. Einige Kompanien verwechseln die Schanze III mit IV, und die gesamte Sturmkolonne läßt sich nach rechts abdrängen. Das dänische Feuer ist hier am heftigsten, so daß sofort nach Heraustreten ein Kompaniechef und 30 Mann tot oder verwundet niedersinken. Weitere Kompanieführer und Offiziere fallen, so daß insbesondere die ihrer Führer beraubten Kompanien die Schanzen verwechseln. Nur die linken Flügelzüge, darunter der Zug des Leutnants Löbbeke von der 1. Kompanie 53. Infanterieregiment halten ihre Angriffsrichtung Schanze IV bei. Die anderen Züge dringen auch gegen Schanze III vor und nehmen sie.
Ein Teil der Pioniere und der Arbeiterkompanie folgen einer Musketierkompanie in die falsche Richtung und erobern die Schanze III das dritte Mal.

Die Masse der Pioniere und der Arbeiterkompanie folgen nun den eigentlichen Sturmkompanien. Alle drei Kompanien lassen sich nach rechts ziehen und erobern unter Oberstleutnant von Boehring die Schanze III zum vierten Mal!
Nun lassen sich auch die fünf Reservekompanien nicht zurückhalten. Sie halten sich rechts wie alles, was vor ihnen marschiert ist, und erobern die Schanze III zum fünften Mal! Den Führern, die rasch den Irrtum erkennen, gelingt es, die angreifenden Kompanien in die richtige Richtung zurückzuleiten, und so wird die Schanze IV vorwiegend flankierend aus Richtung Schanze III angegriffen.
Die Verteidigung der Schanze unter Hauptmann Lundbye ist erfolgreich. Die Geschütze feuern bis zuletzt Kartätschen, aber die tapfere Gegenwehr kann die Preußen nicht aufhalten. Nun stürmen aus Richtung Schanze III die starken Sturmkolonnen der Kolonne IV sowie tapfere Kompanien der Kolonne III, von Norden her die Züge mit Leutnant Löbbeke, die die richtige Richtung behalten haben.
10.13 Uhr weht die preußische Fahne auf Schanze IV.
Kapitän Lundbye fällt, Sergeant Grothous schmettert ihn mit dem Gewehrkolben nieder. Auch ein besonders tapferer Leutnant Ackerhjelm wird erwähnt, er wird entwaffnet, als Schwede erkannt und in Gefangenschaft geführt. Die dänischen Kanoniere, so lautet der Kriegsbericht, wollen nicht um Pardon bitten und werden an ihren Geschützen erschlagen.
Von den zwölf Kanonen der Schanze sind fünf noch einsatzbereit. Sie werden herumgedreht und in Richtung Osten gerichtet, können aber nicht wirken, da die Sturmkolonnen weiter auf die zurückgezogene dänische Linie stürmen. Zur Verteidigung der Schanze teilt Oberst von Buddenbrock zwei Bataillone ein. Die Sturmkolonne IV greift weiter über Lünette D zur Düppeler Mühle hin an. Verluste: elf Offiziere und 158 Mann Tote und Verwundete.
Held auf preußischer Seite war der Zugführer Leutnant Lübbecke, der nicht nur als einer der wenigen die Richtung gehalten hatte, sondern auch mit seinem Zug die Schanze als erste besetzt hat. Die ganze Provinz Westfalen war stolz auf ihn, denn von dort kamen er und sein Regiment her.

Schanze V

Lage: Kleinere Schanze mit vier Kanonen. Mehrere Gedenksteine für dänische und preußische Gefallene.

Entfernung:	ca. 320 Meter
Verteidiger:	Abteilungen des 2. Regiments
Angreifer:	6 Kompanien der Brigade Roeder und eine ½ Pionierkompanie
Kommandeur:	Major von Krohn, Infanterieregiment Nr. 24

Gliederung:

1 Schützenkompanie:	Hauptmann v. Salpius, Regiment Nr. 64
1 Arbeiterkompanie:	Hauptmann v. Lobenthal, Regiment Nr. 64

½ Pionierkompanie:	Premierlieutenant Lommatzsch
2 Sturmkompanien:	Hauptmann v. Hüllessem und Hauptmann v. Sellin, Infanterieregiment Nr. 24
2 Reservekompanien:	Hauptmann v. Goerschen, Regiment Nr. 24 und Hauptmann Windell, Infanterieregiment Nr. 64

Auch hier haben die Sturmkompanien einen Angriff unter ungünstigen Voraussetzungen auszuführen. Ihr Angriff wird durch den Verbindungsgraben zwischen den Schanzen IV und V flankiert. So erhält die Kolonne während des Vorstürmens Gewehrfeuer aus den Verbindungsgräben sowie Kartätschfeuer aus den Schanzen IV und VI. Schnell ist der Grabenrand erreicht. Die Schützenkompanie und Arbeiterkompanie werfen sich hinein, öffnen die Palisaden, ersteigen die Brustwehr, dringen ein und stellen fest, daß die Dänen ihre Stellung noch nicht vollständig besetzt haben.
Um 10.05 Uhr weht die preußische Flagge. Vier Geschütze werden erobert, jedoch nur eines ist noch funktionsfähig. Das Aufrollen des Verbindungsgrabens zur Schanze VI bereitet noch Schwierigkeiten, da sich die Dänen dort hartnäckig verteidigen.
Verluste: 28 Tote, 110 Verwundete. Einer der Schwerverwundeten ist Hauptmann von Salpius mit zwei Oberkieferdurchschüssen. Da er bei seiner Kompanie besonders beliebt war, darf er als Auszeichnung für seine Tapferkeit neben dem General von Roeder beim Einzug in Flensburg am 13. Mai das Défilée der Bataillone abnehmen.
Der Kriegsbericht schildert: »Als die elfte Kompanie des Infanterieregiments 64 heran kam und im Vorbeimarschieren ihres Hauptmann von Solpius ansichtig wurde, brach sie in ein jubelndes, nicht enden wollendes Hurra aus, wobei die Helme hoch in die Luft geschwenkt wurden.«
Der Fahnenträger der Kolonne war Feldwebel Probst, neben Pionier Klinke der bekannteste Held von Düppel. »Er ging durch den dichtesten Kugelregen, pflanzte die Fahne auf die Brustwehr, ein Schuß streckt ihn nieder«, schreiben die Unteroffiziere seiner elften Kompanie. »Noch einmal raffte er sich auf und ergriff die Fahne; da stürzte ein Däne auf ihn ein, setzte ihm das Bajonett auf die Brust und jagte ihm eine Kugel durch den Leib. Aber sein Tod wurde gerächt. Der Füsilier Herrmann unserer Kompanie stürzte vor und erschlug den Dänen mit dem Kolben. Die ganze Kompanie betrauert tief den Tod unseres guten Feldwebels . . .«

Schanze VI

Lage: Größte dänische Schanze mit 16 Kanonen. Im Bereich der Schanzen V und VI errichteten die Preußen eine große Schanze, deren starke Wälle heute noch imponieren.
1884 empfingen König Christian X. bei einem Besuch der Schanze Deputationen, die ihm die letzte dänische Nationalflagge überreichten (Danebrog), die 1864 in Sonderburg wehte. Daher heißt die Schanze Kongeskansen (Königsschanze) und ist auch so beschildert.

Entfernung:	ca. 320 Meter
Verteidiger:	Abteilungen des 2. dänischen Regiments
Angreifer:	6 Kompanien Gardegrenadiere ½ Pionierkompanie
Kommandeur:	Major v. Beeren 4. Gardegrenadierregiment

Gliederung:

1 Schützenkompanie:	Hauptmann v. Behr, 4. Gardegrenadierregiment
1/2 Pionierkompanie:	Premierlieutenant v. Fedkowicz
1 Arbeiterkompanie:	Hauptmann v. Bancels, 3. Gardegrenadierregiment
2 Sturmkompanien:	Hauptmann v. Rosenberg und Hauptmann v. d. Hardt, beide 4. Gardegrenadierregiment
2 Reservekompanien:	Hauptmann v. Stwolinski, 3. Gardegrenadierregiment Hauptmann v. Gliczynski, 4. Gardegrenadierregiment

Bei der Sturmkolonne VI liegen die Verhältnisse ähnlich wie bei der Sturmkolonne V: sie muß eine Flankenbewegung ausführen. Die Schützenkompanien versuchen durch vollen Sturmlauf die Entfernung zur Schanze zurückzulegen. Sie leiden trotzdem unter Infanterie- und flankierenden Kartätschfeuer. Ungeachtet ziemlich unversehrter Drahthindernisse und auch unzerstörter Palisaden gelingt es der Kolonne, unter den geringsten Verlusten um 10.04 Uhr die Sturmfahne auf der Schanze aufzupflanzen. Major von Beeren weist nach der Eroberung der Schanze seine Sturmkompanien in Richtung Schanze VII ein, die weit zurückgezogen zwischen den Schanzen VI und VIII liegt. Dabei trifft ihn eine tödliche Kugel.
15 Geschütze werden erobert. Sie sind nicht zum Schuß gekommen.

Schanze VII

Lage: Kleine, zurückliegende Schanze mit vier Kanonen, aber sehr gutem Schußfeld auf den Raum zwischen den Schanzen VI und Schanze VIII. Gedenkstein für den dänischen Regimentskommandeur Graf Bernstorff.
Das Feuer aus dieser rückwärts gelegenen Schanze stört das preußische Vorgehen erheblich. Mit den Reservekompanien der VI. Sturmkolonne greift Hauptmann von Gliczynski die Schanze an und nimmt sie im ersten Ansturm. Der Tod des Major v. Beeren hat die Angriffswut der Preußen noch gesteigert. Um 10.30 Uhr hat die VI. Kolonne ihre zweite Schanze genommen. Diesmal waren die Verluste schwer.

Schanze VIII

Lage: Nachbarschanze der Königsschanze mit zehn Kanonen. Sie ist in vorzüglichem Erhaltungszustand aus dänischer Zeit. Spuren des Blockhaus und des Pulvermagazins gut sichtbar.

Mit der Eroberung der sechs Schanzen im rechten Teil des Gefechtsstreifens ist die Aufgabe der Truppe zunächst gelöst. Auch Schanze VII war von den Truppen der Sturmkolonne VI erobert.
Der Sturm auf die zurückgezogene Linie und die weitere Verfolgung des Gegners geschehen aus der Situation heraus mit großem Schwung und Elan in bunter Vermischung von Zügen und Kompanien.
Kurz vor 11.00 Uhr, die Schanzen I—VII sind lange genommen, die preußischen Truppen stürmen vorwärts, ein dänischer Gegenangriff ist schon abgewehrt, erteilt Generalleutnant von Manstein der Brigade Raven den Befehl, die noch nicht eroberten Schanzen des feindlichen rechten Flügels zu nehmen.
Die vorgezogenen Teile der Brigade befinden sich zu diesem Zeitpunkt bereits in Deckung in der eroberten Schanze VII. Die Brigade war als Reserve aus der Büffelkoppel zu Schanze VII vorgeführt worden. Sie hatte Teile ihrer Kräfte an die Sturmkolonnen abgegeben und besteht noch aus ca. 15 Kompanien. General von Raven gibt den Befehl zum Sturm auf die Schanze VIII an Oberst von Kettler, dem Kommandeur des 18. Regiments. Dieser greift mit einer Kompanie die Front, mit der zweiten Kompanie gegen den Rücken des Verteidigungswerkes an. Die von allen Seiten angegriffene Schanze VIII fällt schnell. Die in ihr befindlichen acht Geschütze fallen alle funktionsfähig um 11.30 Uhr den Preußen in die Hände. Weitere Kompanien greifen in Richtung Osten das Gehöft Düppelfeld an.
Beim Sturm auf die Schanze VIII verzeichnen die Annalen wieder eine besondere Heldentat auf Seiten der Preußen. Leutnant Kerlen vom 53. Infanterieregiment wirkt beim Sturm auf diese Schanze mit und dringt von Norden über die Brustwehr ein. Es ist dies die dritte Schanze, die dieser tapfere Leutnant zu erobern hilft. Er gehört eigentlich zur IV. Sturmkolonne, war neben dem Leutnant Lübbecke — wir erinnern uns — einer der ersten in der Schanze IV. Von dort aus stürmte er mit 30—40 Mann aus den verschiedensten Regimentern gegen Schanze VII und war hier wahrscheinlich sogar der erste, der eindringen konnte. Von der Schanze VII ging er mit seiner zusammengewürfelten Truppe zusammen mit den Angriffsstruppen der Brigade Raven gegen Schanze VIII vor. Er und sein tapferer Leutnantskamerad Lübbecke erhalten wegen dieser Taten den Pour le Mérite.

Schanze IX

Lage.: Weit von Schanze VIII entfernt am rechten Flügel gelegene geschlossene Schanze mit Blockhaus und Pulvermagazin und zehn Kanonen.
Ihre Besatzung kämpfte als Insel im Meer der preußischen Angriffstruppen und wurde abgeschnitten.
Den Befehl zur Eroberung der Schanze IX hat Oberst von Berger als Kommandeur des Leibregiments erhalten. Von Schanze VII aus drang er mit sechs Kompanien vor. Der Weg ist beschwerlich, das Gelände durchschnitten,

Knicks erschweren die Orientierung. So gerät die Sturmtruppe etwas durcheinander.
Der Oberst steht schließlich im Rücken der Schanze und stellt fest, daß er zuwenig Soldaten bei sich hat. Er jagt seinen Adjutanten und andere Ordonnanzen ins Gelände, um die Kompanien heranzuziehen. Er dirigiert Kompanien in die Kehle und in die Flanken der Schanze. Der Sturm gelingt, und um 12.55 Uhr ist die Schanze in preußischer Hand. Es ist keine Sturmfahne vorhanden, drum wird mit einem Hoch auf König Wilhelm die Fahne des I. Bataillons als Siegeszeichen aufgeplanzt.

Schanze X

Lage: Rechte Flügelschanze mit sieben Kanonen sowie gut sichtbaren Resten von Blockhaus und Pulvermagazin. In der Schanze ein Erinnerungsdenkmal an den Platz, von dem aus Prinz Friedrich Karl und sein Generalstabschef v. Moltke am 29. Juni 1864 den Alsenübergang beobachteten. Die Schanze fiel unzerstört in preußische Hand, da die Besatzung auswich, um nicht abgeschnitten zu werden.
Diese starke Schanze am rechten Flügel des gesamten Verteidigungswerks wird von der westfälischen Brigade Schmidt, die wesentliche Teile der Sturmkolonne IV gestellt hatte, genommen.
Sie stand mit ihren vier Bataillonen als Reserve im Dorf Rackebüll. Sie ging gegen 11.30 Uhr auf der Appenrader Chaussee Richtung Süden vor. Gegen 12.00 Uhr trifft ein Befehl vom Kommandierenden General ein, die vorausliegende Schanze X zu nehmen. Der Spitzenzug der 6. Kompanie unter Hauptmann von Cranach setzt sich auf 200 Schritt Entfernung von der Schanze im Laufschritt in Bewegung und erobert die Schanze trotz heftigen Flankenfeuers von Alsen her rasch. Die Besatzung ist zum großen Teil bereits ausgewichen und hat nur noch Sicherungen hinterlassen. Die Fliehenden werden verfolgt. Die Eroberer sehen die Reste der dänischen Brigaden den Alsensund entlang Richtung Sonderburg fliehen. Die preußischen Abteilungen drängen nach.
Ein Wettlauf zum Brückenkopf bei Sonderburg beginnt. Können ihn die Preußen vor den dänischen zurückflutenden Verbänden erreichen, sind diese abgeschnitten.
Die inzwischen alarmierte dänische Verteidigung kann dies verhindern, die dänischen Kräfte, die nicht zerschlagen sind, gelangen über die Brücke nach Alsen.

ANLAGEN

A Ausgewählte Dokumente

1 Oberkommando der verbündeten Armeen
2 Gliederung des I. Preuß. Korps
3 Gliederung des II. Österreichischen Korps
4 Gliederung der Dänischen Armee
5 Gliederung des III. Preuß. Korps
6, 6a Bericht des Oberkommandos vom 23. Februar 1864 über das der Düpppel-Stellung gegenüber einzuschlagende Verfahren
7 Denkschrift des Generalleutnants Frhr. von Moltke vom 22. Februar 1864
8 Gutachten des Generalleutnants Frhr. von Moltke vom 28. Februar 1864
9 Bericht Generalleutnant Frhr. von Moltke über die Ausführung eines Übergangs nach Alsen v. 24. März 1864
10 Geschütz-Ausrüstung der Düppel-Stellung
11 Befehl Dän. Oberkommando am 2. April 1864 betreffend die Verwendung der Reserven bei eintretendem Sturm vom 28. März 1864
12 Weisung Dän. Oberkommando in Bezug auf den Dienst in den Schanzen vom 1. April 1864
13 Weisung Dän. Oberkommando für das Verhalten der Schanzenbesatzung im Falle eines Angriffs vom 19. Februar 1864
14 Instruktion für den Sturm auf die Düppeler Schanzen vom 17. April 1864
15 Verschuß von Artilleriemunition vor Düppel März und April 1864
16 Verluste beim Sturm am 18. April 1864
17 Brief Bismarcks an Feldmarschall Wrangel
18 Antwort des dänischen Befehlshabers an Wrangel

Dok. 1

Zusammensetzung des Ober-Kommandos der Verbündeten Armee.

Ober-Befehlshaber: General-Feldmarschall Freiherr v. Wrangel.
Chef des Generalstabes: General-Lieutenant Vogel v. Falckenstein.
Ober-Quartiermeister: Oberst v. Podbielski.

Generalstab:*)

1) Major v. Stiehle, à la suite des Generalstabes der Armee, Adjutant bei dem Gouvernement von Berlin.
2) Hauptmann Graf v. Hardenberg vom Generalstabe der 5ten Division.
3) Premier-Lieutenant v. Gottberg vom Litthauischen Ulanen-Regiment Nr. 12.
4) Premier-Lieutenant v. Roon v. 1sten Garde-Regiment z. F.

Außerdem dem Generalstabe zur Dienstleistung überwiesen:

Major Geerz von der Armee und kommandirt bei der topograph. Abth. des Generalstabes.

Zum Hauptquartier kommandirt:

Oberst-Lieutenant Kraft Prinz zu Hohenlohe-Ingelfingen, Flügel-Adjutant Seiner Majestät des Königs.

Zur Dienstleistung als Adjutant des General-Feldmarschalls kommandirt:

Sec.-Lieutenant Graf Kalnein vom Ostpreußischen Kürassier-Regiment Nr. 3.

Kommandant des Hauptquartiers:

Major v. Schack vom 2ten Garde-Ulanen-Regt.

Adjutantur:**)

1) Major v. Kleist v. 1sten Garde-Regiment z. F.
2) Hauptmann v. Cranach vom 4ten Rheinischen Infanterie-Regiment Nr. 30.
3) Rittmeister Graf zu Eulenburg vom 3ten Garde-Ulanen-Regiment.
4) Sec.-Lieutenant Graf v. Nostiz vom 1sten Garde-Dragoner-Regiment.
5) Sec.-Lieutenant Vogel v. Falckenstein v. 4ten Garde-Grenadier-Regiment Königin.
6) Sec.-Lieutenant Freiherr v. Wrangel vom 2ten Garde-Dragoner-Regiment.

Offiziere der Artillerie:

Oberst v. Graberg, Brigadier der Westfälischen Artillerie-Brigade Nr. 7.
Major von der Becke von der Pommerschen Artillerie-Brigade Nr. 2.
Sec.-Lieutenant Marcus von der 7ten Art.-Brig., Adjutant des Obersten v. Graberg.

Offiziere des Ingenieur-Korps:

Oberst v. Mertens, Inspekteur d. 6ten Festungs-Inspektion.
Premier-Lieutenant Scheibert v. der 2ten Ingenieur-Inspektion.
Premier-Lieutenant v. Renthe-Fink von der 3ten Ingenieur Inspektion, Adjutant bei dem Obersten v. Mertens.

Dem Ober-Kommando beigegeben:

General-Lieutenant Kronprinz von Preußen, Königliche Hoheit.
Persönliche Adjutanten: 1) Major v. Schweinitz, à la suite des Generalstabes der Armee.
2) Hauptmann v. Lucadou, à la suite des 2ten Schlesischen Grenadier-Regiments Nr. 11.
Ordonnanz-Offizier: Prinz Karl zu Hohenzollern-Sigmaringen, Durchlaucht, Premier-Lieutenant à la suite des 2ten Garde-Dragoner-Regiments.

Dem Stabe attachirt:

General der Kavallerie Prinz Albrecht (Vater) von Preußen, Königliche Hoheit.
Persönliche Adjutanten: 1) Major v. Buddenbrock, à la suite des 1sten Garde-Dragoner-Regiments.
2) Rittmeister v. Radecke, à la suite des Litth. Drag.-Regts. Nr. 1.

Zeitweilig im Hauptquartier anwesend:

Großherzog von Mecklenburg-Schwerin, Königliche Hoheit.
Fürst zu Hohenzollern-Sigmaringen, Königliche Hoheit, General der Infanterie, Militär-Gouverneur der Rheinprovinz und der Provinz Westfalen.
Erbprinz von Anhalt, Hoheit, Oberst à la suite des 1sten Garde-Regiments zu Fuß.

---

*) Vom 20sten Januar an tritt hierzu noch der Oberst-Lieutenant v. Schönfeld vom Oesterreichischen Generalstabe.

**) Vom 26sten Januar an tritt hierzu noch der Rittmeister Prinz Aremberg vom Oesterreichischen Windischgrätz-Dragoner-Regiment.

Dok. 2

Ordre de bataille

des Königlich Preußischen kombinirten Armee-Korps (I. Korps).

Kommandirender General: General der Kavallerie **Prinz Friedrich Karl von Preußen,** Königliche Hoheit.

Chef des Generalstabes: Oberst v. Blumenthal.
Kommandeur der Artillerie: Oberst Colomier.
Kommandeur der Ingenieure: Oberst-Lieutenant v. Kriegsheim.

Generalstab: 1) Major Graf v. Waldersee, 2) Major v. Roos.

Adjutantur: 1) Major v. Tilly, vom Niederschles. Inf. Regt. Nr. 50.
2) Major v. Bonin, vom Hohenzoll. Füs. Regt. Nr. 40.
3) Pr.-Lieut. Graf v. Haeseler, vom Brandenb. Hus. Regt. (Zieten-Hus.) Nr. 3.

Persönliche Adjutanten: 1) Major v. Witzendorff, à la suite des Generalstabes.
2) Sec.-Lieut. Frhr. v. Loë, vom Brandenb. Hus. Regt. (Zieten-Hus.) Nr. 3.

Adjutantur des Kommandeurs der Artillerie: 1) Pr.-Lieut. Spangenberg, v. d. Art. Brig. Nr. 3.
2) Sec.-Lieut. Krüger I., von der Art. Brig. Nr. 3.

Ingenieur-Offiziere: 1) Hauptmann Treumann, von der 3ten Ing. Inspektion.
2) Pr.-Lieut. Mantey, von der 2ten Ing. Inspektion.

Korpsarzt: Generalarzt Dr. Berger.

Kommandeur der Stabswache: Sec.-Lieut. v. Mutius, v. Brandenb. Ul. Regt. Nr. 11.

Dem Stabe attachirt:

Oberst Prinz Albrecht (Sohn) von Preußen, Königliche Hoheit.
Persönl. Adjutanten: 1) Major v. Massow, à la suite des 1sten Garde-Drag. Regts.
2) Sec.-Lieut. v. Ploetz, à la suite des 1sten Garde-Drag. Regts.

Zeitweilig im Hauptquartier anwesend:

General-Feldzeugmeister Prinz Karl von Preußen, Königliche Hoheit.
Adjutant: Major v. Helden-Sarnowski, von der Westfäl. Art. Brig. Nr. 7.
Persönliche Adjutanten: 1) Oberst-Lieutenant Baron v. Puttkamer.
2) Major v. Erhardt.

6te Infanterie-Division.

Kommandeur: General-Lieutenant v. **Manstein.**

Generalstabs-Offizier: Hauptmann v. Unger.

Adjutanten: 1) Pr.-Lieut. v. Geißler, vom Leib-Gren. Regt. (1stes Brandenb.) Nr. 8.
2) Pr.-Lieut. v. Ploetz, vom 4ten Brandenb. Inf. Regt. Nr. 24.

12te Infanterie-Brigade.

Kommandeur: General-Major v. Roeder II.

Adjutant: Pr.-Lieut. v. Wulffen, vom Leib-Gren. Regt. (1stes Brandenb.) Nr. 8.

8tes Brandenburgisches Infanterie-Regiment Nr. 64.
Oberst v. Kamienski.

4tes Brandenburgisches Infanterie-Regiment Nr. 24.
Oberst Graf v. Hacke.

11te Infanterie-Brigade.

Kommandeur: General-Major Frhr. v. Canstein.

Adjutant: Pr.-Lieut. Schmieden, vom 8ten Brandenb. Inf. Regt. Nr. 64.

7tes Brandenburgisches Infanterie-Regiment Nr. 60.
Kommandirt zur Führung:
Oberst-Lieutenant v. Hartmann.

Brandenburgisches Füsilier-Regiment Nr. 35.
Oberst Elstermann v. Elster.

2tes Brandenburgisches Ulanen-Regiment Nr. 11.
Oberst-Lieutenant v. Sixthin.

3te Fuß-Abtheilung Brandenburgischer Artillerie-Brigade Nr. 3.
Oberst-Lieutenant Bergmann.

3te Haubitz-Batterie. 3te 6pfündige Batterie. 3te 12pfündige Batterie.

Brandenburgisches Pionier-Bataillon Nr. 3.
Major Roetscher.

Summa 12 Bat. Inf. 4 Esk. 3 Battr. 1 Pion. Bat.
9600 M. Inf. 600 M. Kav. 20 Gesch. 600 M. Pion.

13te Infanterie-Division.

Kommandeur: General-Lieutenant v. Wintzingerode.
Generalstabs-Offizier: Hauptmann Freiherr v. Dörnberg.
Adjutanten: 1) Rittmeister v. Kleist, v. Ostpreuß. Kür. Regt. Nr. 3.
2) Pr.-Lieut. Freiherr v. Ledebur, vom 4. Westf. Inf. Regt. Nr. 17.

26ste Infanterie-Brigade.

Kommandeur: General-Major v. Goeben.
Adjutant: Pr.-Lieut. Clemen, vom 5ten Westfälischen Infanterie-Regiment Nr. 53.

6tes Westfälisches Infanterie-Regiment Nr. 55.
Oberst Stoltz.

2tes Westfälisches Infanterie-Regiment Nr. 15.
(Prinz Friedrich der Niederlande.)
Oberst v. Alvensleben.

25ste Infanterie-Brigade.

Kommandeur: General-Major v. Schmid.
Adjutant: Pr.-Lieut. Grach, vom 6ten Westfälischen Infanterie-Regiment Nr. 55.

5tes Westfälisches Infanterie-Regiment Nr. 53.
Oberst Baron v. Buddenbrock.

1stes Westfälisches Infanterie-Regiment Nr. 13.
Oberst v. Witzleben.

Westfälisches Jäger-Bataillon Nr. 7.
Major v. Beckedorff.

Westfälisches Dragoner-Regiment Nr. 7.
Oberst-Lieutenant v. Ribbeck.

1ste Fuß-Abtheilung Westfälischer Artillerie-Brigade Nr. 7.
Major Grape.

1ste Haubitz-Batterie. 1ste 6pfündige Batterie. 4te 12pfündige Batterie. 1ste 12pfündige Batterie.

Westfälisches Pionier-Bataillon Nr. 7.
Major Graf v. Beissel-Gymnich.

Summa 13 Bat. Inf. 4 Esk. 4 Battr. 1 Pion. Bat.
10 400 M. Inf. 600 M. Kav. 26 Gesch. 600 M. Pion.

Kombinirte Kavallerie-Division.

Kommandeur: General-Major Graf zu Münster-Meinhövel.

Generalstabs-Offizier: Major v. Stedingk, vom Magdeburgischen Dragoner-Regiment Nr. 6.
Adjutanten: 1) Sec.-Lieut. v. Noville, vom Westfälischen Ulanen-Regiment Nr. 5.
2) Sec.-Lieut. v. Grimm, vom Brandenburgischen Husaren-Regiment (Zieten-Husaren) Nr. 3.

6te Kavallerie-Brigade.

Kommandeur: Oberst Flies.
Adjutant: Sec.-Lieut. v. Rudolphi, v. Brandenb. Ul. Regt. (K. v. R.) Nr. 3.

Brandenburgisches Hus. Rgt. (Zieten-Husaren) Nr. 3.
Oberst Graf v. d. Groeben.

Brandenburgisches Kür. Regt. (K. N. I. v. R.) Nr. 6.
Oberst Herzog Wilhelm zu Mecklenburg-Schwerin, Hoheit.

1ste reitende Batterie Westfälischer Artillerie-Brigade Nr. 7.*)

13te Kavallerie-Brigade.

Kommandeur: General-Major v. Hobe.
Adjutant: Pr.-Lieut. v. Bodelschwingh, vom Westf. Ul. Regt. Nr. 5.

Westfälisches Husaren-Regiment Nr. 8.
Oberst-Lieutenant v. Rantzau.

Westfälisches Kürassier-Regiment Nr. 4.
Oberst-Lieutenant v. Schmidt.

2te reitende Batterie Westfälischer Artillerie-Brigade Nr. 7.*)

Krankenträger-Kompagnie.

Summa 17 Eskadrons, 2 reit. Batterien = 2550 Mann Kavallerie, 8 Geschütze.

Reserve-Artillerie.

Oberst-Lieutenant v. Saenger, Kommandeur der reitenden Abtheilung Westf. Artillerie-Brigade Nr. 7.

2te Fuß-Abtheilung Brandenburgischer Artillerie-Brigade Nr. 3.
Major v. Held.

2te Haubitz-Batterie. | 4te 6pfündige Batterie. | 2te 6pfündige Batterie. | 2te 12pfündige Batterie.

Reitende Abtheilung Westfälischer Artillerie-Brigade Nr. 7.
Oberst-Lieutenant v. Saenger.

6te reit. Batterie. | 5te reit. Batterie.*) | 4te reit. Batterie. | 3te reit. Batterie.

Summa 8 Batterien = 42 Geschütze.

---

*) Am 27sten Januar 1864 trat die 2te reitende Batterie zur Avantgarde, die 1ste reitende Batterie zur Reserve-Artillerie, die 5te reitende Batterie dafür zur kombinirten Kavallerie-Division.

Kolonnen-Abtheilung.

Major Dietrich, von der Brandenburgischen Artillerie-Brigade Nr. 3.

Munitions-Kolonnen Nr. 1, 2 u. 3 der Westfälischen Artillerie-Brigade Nr. 7.
Munitions-Kolonnen Nr. 4, 5, 6, 7, 8, 9 der Brandenburgischen Artillerie-Brigade Nr. 3.
Leichter Feld-Brücken-Train des Garde-Korps.
Ponton-Kolonne Nr. 7.
Ponton-Kolonne Nr. 3.

Train-Bataillon.

Major v. Mechow.

Proviant-Kolonnen Nr. 1, 2, 3, 4, 5.
Krankenträger-Kompagnie.
Pferde-Depot.
Feld-Bäckerei-Kolonne.

Feld-Lazarethe.

Lazareth-Direktor: Ober-Stabsarzt Dr. Berndt.

Schwere Korps-Lazarethe Nr. 1, 2, 3.

Leichte Divisions-Lazarethe:

Der Kavallerie-Division. Der 13ten Infanterie-Division. Der 6ten Infanterie-Division.

Gesammtstärke des I. Korps:

25 Bat. Inf.	**25 Esk.**	**15 Batt.**	**2 Pion.-Bat.**
= 20 000 M. Inf.	**3750 M. Kav.**	**96 Gesch.**	**1200 M. Pion.**

An Festungs-Artillerie wurden bis zum 1sten Februar mobil gemacht:

12 gezogene 12-Pfünder *)

„ „ „ „ „ „ „ „ „ „ „ „

mit der 2ten Festungs-Kompagnie der Magdeburgischen Artillerie-Brigade Nr. 4.

8 gezogene 24-Pfünder.**)

„ „ „ „ „ „ „ „

mit der 4ten Festungs-Kompagnie der Westfälischen Artillerie-Brigade Nr. 7.

---

*) Am 15ten Januar mobil gemacht; trafen am 1sten Februar in Hamburg ein.
**) Am 28sten Januar mobil gemacht; trafen am 10ten Februar in Hamburg ein.

Ordre de bataille
des K. K. Oesterreichischen VI. Armee-Korps (II. Korps).

Korps-Kommandant: Feldmarschall-Lieutenant **Baron Gablenz.**
Personal-Adjutant: Ober-Lieutenant Meier des 1sten Husaren-Regiments.

Adlatus des Korps-Kommandanten: Feldmarschall-Lieutenant Graf Neipperg.
Generalstabs-Chef: Oberst-Lieutenant Baron Vlasits.
Sous-Chef: Major Edler v. Poppenheim,
Major Baron Dumoulin.
Artillerie-Chef: Oberst-Lieutenant Weißer des 1sten Artillerie-Regiments.
Genie-Chef: Major Baron Salis-Soglio.

Dem Haupt-Quartier waren außerdem zugetheilt: mehrere Generalstabs-Offiziere und Adjutanten, ferner Offiziere und Beamte für das Sanitäts- und Verpflegungswesen, das ökonomische und Justiz-Fach.

A. Truppen.

2te Infanterie-Brigade.

Kommandeur: General-Major Freihr. Dormus v. Kilianshausen.
Generalstabs-Offizier: Hauptm. Baron Handel.

Infanterie-Regiment Feldmarschall-Lieutenant Freiherr Ramming v. Riedkirchen Nr. 72.
Oberst Ritter v. Abele.

Infanterie-Regiment Feldzeugmeister Graf Khevenhüller-Metsch Nr. 35.
Oberst Kamptner.

Feld-Jäger-Bataillon Nr. 22.
Oberst-Lieutenant Ritter Siller v. Gambolo.

Vierpfündige Fuß-Batterie Nr. 3 1sten Art.-Regts.

Summa: 5 Bataillone, 1 Batterie = 4800 Mann Inf., 8 Geschütze.

1ste Infanterie-Brigade.

Kommandeur: General-Major Graf Gondrecourt.
Generalstabs-Offizier: Hauptm. Daublebsky v. Sterneck.

Infanterie-Regt. König Wilhelm I. von Preußen Nr. 34.
Oberst Benedek.

Infanterie-Regiment Freiherr Martini v. Nosedo Nr. 30.
Oberst Freihr. Abele von und zu Lilienberg.

Feld-Jäger-Bataillon Nr. 18.
Oberst-Lieutenant Tobias Edler v. Hohendorf.

Vierpfündige Batterie Nr. 2 1sten Artillerie-Regts.

Summa: 5 Bataillone, 1 Batterie = 4800 Mann Inf., 8 Geschütze.

4te Infanterie-Brigade.

Kommandeur: General-Major Tomas.

Generalstabs-Offizier: Hauptmann Wenzl.

Infanterie-Regiment Prinz Wilhelm zu Schleswig-Holstein-Glücksburg Nr. 80.

Oberst Graf Auersperg.

Infanterie-Regiment Graf Coronini-Cronberg Nr. 6.

Oberst Fellner v. Feldegg.

Feld-Jäger-Bataillon Nr. 11.

Oberst Edler v. Schwab.

Vierpfündige Fuß-Batterie Nr. 5 1sten Art.-Regts.

Summa: 5 Bataillone, 1 Batterie = 4800 Mann Inf., 8 Geschütze.

3te Infanterie-Brigade.

Kommandeur: General-Major v. Nostitz-Drcewiecki.

Generalstabs-Offizier: Hauptmann Ambrozy.

Infanterie-Regiment König der Belgier Nr. 27.

Oberst Wilhelm, Herzog von Würtemberg.

Infanterie-Regiment Großherzog Ludwig III. von Hessen Nr. 14.

Oberst Freiherr Schütte v. Warensberg.

Feld-Jäger-Bataillon Nr. 9.

Major Schiblach.

Vierpfündige Fuß-Batterie Nr. 4 1sten Art.-Regts.

Summa: 5 Bataillone, 1 Batterie = 4800 Mann Inf., 8 Geschütze.

Kavallerie-Brigade.

Kommandeur: General-Major Freiherr Dobrzensky v. Dobrzenitz.

Generalstabs-Offizier: Hauptmann Graf Uexküll-Gyllenbrandt.

Husaren-Regiment Fürst Liechtenstein Nr. 9.
Oberst Freiherr Baselli v. Süßenberg.

Dragoner-Regiment Fürst Windisch-Grätz Nr. 2.
Oberst Graf Bellegarde.

Summa: 10 Eskadrons = 1523 Mann Kavallerie.

Korps-Geschütz-Reserve.

Major Ritter v. Neubauer.

Achtpfünd. Fuß-Batt. Nr. 10 v. 1sten Art.-Regt.

Achtpfünd. Fuß-Batt. Nr. 9 v. 1sten Art.-Regt.

Sanitäts-Kompagnie mit der Bespannungs-Eskadron Nr. 31.

Summa: 2 Batterien = 16 Geschütze.

Technische Truppen.

11te Genie-Kompagnie.

3te Kompagnie des 1sten Pionier-Bataillons.

4te Kompagnie des 1sten Pionier-Bataillons
mit
2 Brücken-Equipagen und 2 Brücken-Equipagen-Bespannungs-Eskadrons Nr. 39 und 40.

B. Reserve-Anstalten.

Kommandant: Major Arthofer.

Korps-Munitions-Park.

Park-Bespannungs-Eskadrons Nr. 27 und 28.

6te Feldzeugs-Kompagnie.

1ste Park-Kompagnie.

Munitions-Feld-Depot.

Detachement d. 1sten Park-Kompagnie.

Feld-Munitions-Magazin.

7te Feldzeugs-Kompagnie.

7te Kompagnie Kaiser Alexander 2ten Linien-Inf.-Regts. (zur Bedeckung).

Korps-Schlachtvieh-Depot.

Korps-Kolonnen-Magazin.

Kriegs-Transport-Eskadrons Nr. 2, 35 und 53.

Fuhrwesen-Feld-Inspektionen Nr. 6 und 9.

Feld-Verpflegungs-Magazin.

$1/2$ Pionier-Zeugs-Reserve (mit 2 Batterie-Brücken).

Fuhrwesen-Ergänzungs-Depot.

Feld-Spitale Nr. 9, 12 und 16 sammt Kasten-Apotheken.

Korps-Ambulance Nr. 5.

Feld-Post-Abtheilung.

Feld-Telegraphen-Abtheilung.

Gesammtstärke des II. Korps:

20 Bataillone, 10 Eskadrons, 6 Batterien, 3 Pionier-(Genie-)Kompagnien = 19 200 Mann Infanterie, 1523 Mann Kavallerie, 600 Mann Pioniere.

Dok. 4

Ordre de bataille

der Dänischen Armee am 1sten Februar 1864.

Oberbefehlshaber: General-Lieutenant de Meza.

Chef des Generalstabes: Oberst Kauffmann.
Souschef: Kapitän Rosen.
Kommandeur der Artillerie: General-Lieutenant Lüttichau.
Erster Ingenieur-Offizier: Oberst-Lieutenant Dreyer.

1ste Armee-Division.

Kommandeur: General-Lieutenant Gerlach.
Stabschef: Major Stiernholm.

3te Infanterie-Brigade.	2te Infanterie-Brigade.	1ste Infanterie-Brigade.
Oberst Wörishöffer.	General-Major Vogt.	Oberst Lasson.
17tes Infanterie-Regiment. Oberst Bernstorff.	18tes Infanterie-Regiment. Oberst-Lieutenant Hirsch.	22stes Infanterie-Regiment Oberst-Lieut. Falkenskjold.
16tes Infanterie-Regiment. Major Wolle.	3tes Infanterie-Regiment. Major Mathiesen.	2tes Infanterie-Regiment. Oberst-Lieutenant Dreyer.

2tes Halb-Regiment 4te Dragoner.

10te Batterie.	2te Batterie.
(J. C. Johansen.)	(Lunn.)
(zwölfpfündige Kugelkanonen)	(gezogene 4-Pfünder)

Summe der 1sten Armee-Division: 12 Bataillone, 3 Eskadrons, 2 Batterien = 9400 Mann Infanterie, 240 Mann Kavallerie, 16 Geschütze.

2te Armee-Division.

Kommandeur: General-Major du Plat.
Stabschef: Major Schau.

6te Infanterie-Brigade.
Oberst Bülow.

10tes Infanterie-Regiment.
Oberst Lange.

5tes Infanterie-Regiment.
Major Myhre.

5te Infanterie-Brigade.
Oberst Harbou.

12tes Infanterie-Regiment.
Oberst Hein.

7tes Infanterie-Regiment.
Oberst Muus.

4te Infanterie-Brigade.
General-Major Wilster.

6tes Infanterie-Regiment.
Major Caroc.

4tes Infanterie-Regiment.
Oberst Faaborg.

1stes Halb-Regiment Garde-Husaren.

9te Batterie.
(Schreiber.)
(zwölfpfündige Kugelkanonen)

8te Batterie.
(Messerschmidt.)
(gezogene 4-Pfünder)

Summe der 2ten Armee-Division: 12 Bataillone, 3 Eskadrons, 2 Batterien = 9400 Mann Infanterie, 240 Mann Kavallerie, 16 Geschütze.

8te Armee-Division.

Kommandeur: General-Major Steinmann.
Stabschef: Kapitän Blom.

9te Infanterie-Brigade.
Oberst Neergaard.

21stes Infanterie-Regiment.
Oberst-Lieutenant Nielsen.

19tes Infanterie-Regiment.
Oberst-Lieutenant Faerch.

8te Infanterie-Brigade.
Oberst Scharffenberg.

20stes Infanterie-Regiment.
Oberst-Lieutenant Scholten.

9tes Infanterie-Regiment.
Oberst-Lieutenant Tersling.

7te Infanterie-Brigade.
Oberst Müller.

11tes Infanterie-Regiment.
Major Rist.

1stes Infanterie-Regiment.
Oberst-Lieutenant Beck.

1stes Halb-Regiment 4te Dragoner.

12te Batterie.
(von der Recke.)
(zwölfpfündige Kugelkanonen)

11te Batterie.
(Fallesen.)
(gezogene 4-Pfünder)

Summe der 3ten Armee-Division: 12 Bataillone, 3 Eskadrons, 2 Batterien = 9000 Mann Infanterie, 260 Mann Kavallerie, 16 Geschütze.

4te Armee-(Kavallerie-)Division.

Kommandeur: General-Lieutenant Hegermann-Lindencrone.

Stabschef: Major Heramb.

2te Kavallerie-Brigade.

Oberst Scharffenberg.

6tes Dragoner-Regiment. Oberst-Lieut. Baudiß.

2tes Dragoner-Regiment.*) Major Bruhn.

1ste Kavallerie-Brigade.

General-Major Honnens.

5tes Dragoner-Regiment. Oberst-Lieutenant Brock.

3tes Dragoner-Regiment. Major Brock.

5te Feld-Batterie.†) (Lönborg.)

(zwölfpfündige Kugelkanonen)

3te Kavallerie-Brigade.

General-Major Marcher.

2tes Halb-Regiment Garde-Husaren.*) Major Lützau.

Summe d. 4ten Armee-Division: 27 Esk., 1 Batt. = 3000 Mann Kav., **) 8 Gesch.
Davon bei den Dannewerken: 18 Esk., 1 Batt. = 2100 Mann Kav., 8 Gesch.

Infanterie-Reserve.

Kommandeur: General-Major Caroc.

Stabschef: Kapitän Fog.

13tes Infanterie-Regiment.*) Major Klingsey.

8tes Infanterie-Regiment. Oberst Hoeberg.

15tes Infanterie-Regiment. Oberst-Lieutenant Zepelin.

14tes Infanterie-Regiment.*) Major Junghans.

Summe: 8 Bataillone = 4900 Mann.*)**
Davon waren bei den Dannewerken: 3300 Mann.

---

*) Die mit einem *) bezeichneten Truppentheile waren Anfangs Februar nicht bei den Dannewerken eingetroffen, hatten auch ihre Organisation noch nicht sämmtlich vollendet.

**) Außerdem war noch die Königliche Leib-Garde zu Pferde von 140 Mann in Kopenhagen.

***) Außerdem war noch die Königliche Leib-Garde zu Fuß von 800 Mann in Kopenhagen. Das 14te Regiment war nach der Auflösung noch nicht wieder organisirt und zählte nur 72 Köpfe an Offizieren, Unteroffizieren und Spielleuten.

†) Trifft, von Alsen kommend, am 3ten Februar bei den Dannewerken ein.

Artillerie-Reserve.

Oberst-Lieutenant Harthausen.

4te Batterie.*)	3te Batterie.†)	1ste Batterie.
(Kauffmann.)	(Klein.)	(Bruns.)
·|· ·|· ·|· ·|· ·|· ·|· ·|· ·|·	·|· ·|· ·|· ·|· ·|· ·|· ·|· ·|·	·|· ·|· ·|· ·|· ·|· ·|· ·|· ·|·
(gezogene 12-Pfünder)	(gezogene 4-Pfünder)	(gezogene 4-Pfünder)
13te Batterie.	7te Batterie.	6te Batterie.
(Salto.)	(W. S. J. Johansen.)	(Jürgensen.)
·|· ·|· ·|· ·|· ·|· ·|· ·|· ·|·	·|· ·|· ·|· ·|· ·|· ·|· ·|· ·|·	·|· ·|· ·|· ·|· ·|· ·|· ·|· ·|·
(vierundzwanzigpfündige Granatkanonen)	(gezogene 4-Pfünder)	(zwölfpfündige Kugelkanonen)

Summe: 6 Batterien = 48 Geschütze.
Davon bei den Dannewerken: 5 Batterien = 40 Geschütze.

Festungs-Artillerie.

6 Kompagnien = 1550 Mann.
Davon bei den Dannewerken: 4 Kompagnien = 1200 Mann.

Genie-Truppen.

1 Brücken-Kompagnie.*) | 5 Ingenieur-Kompagnien.

Summe: 6 Kompagnien = 500 Mann.
Davon bei den Dannewerken = 270 Mann.

Eine Espingolen-Batterie.*)

Major Meinecke.

(16 Stück)

Gesammtstärke des Dänischen Heeres: 44 Bataillone, 36 Eskadrons, 13 Batterien Feld-Artillerie, 6 Festungs-Artillerie-Kompagnien, 1 Espingolen-Batterie, 5 Kompagnien Genie-Truppen = 32700 Mann Infanterie, 3900 Mann Kavallerie, 104 Geschütze Feld-Artillerie, 1550 Mann Festungs-Artillerie, 16 Espingol-Geschütze, 500 Mann Genie-Truppen.

Davon waren zu Anfang Februar bei den Dannewerken: 31100 Mann Infanterie, 3000 Mann Kavallerie, 96 Geschütze Feld-Artillerie, 1200 Mann Festungs-Artillerie, 270 Mann Genie-Truppen.

An Festungs-Artillerie verfügte Dänemark über: 181 Stück bei den Dannewerken, 128 Stück in der Düppel-Stellung, 292 Stück in und bei Fredericia, etwa 180 Stück in und bei Kopenhagen, im Ganzen etwa 800 Stück.

Ueber die Trains fehlen nähere Angaben.

*) Die mit einem *) bezeichneten Truppentheile waren Anfangs Februar nicht bei den Dannewerken eingetroffen.

†) War im Anmarsch und traf am 4ten Februar bei den Dannewerken ein.

Ordre de bataille

der kombinirten Garde-Infanterie-Division (III. Korps).*)

Kommandeur: General-Lieutenant v. d. Mülbe.

Generalstab: Major v. Alvensleben.
Adjutantur: 1) Hauptmann v. Rotz, vom 2ten Garde-Regiment z. F.
2) Pr.-Lieut. v. Henniges, vom Kaiser Alexander Garde-Grenadier-Regiment.

Kombinirte Garde-Grenadier-Brigade.

Oberst v. Bentheim.

Adjutant: Pr.-Lieut. v. Wrochem, vom 2ten Garde-Regt. z. F.

4tes Garde-Grenadier-Regiment Königin Augusta.
Oberst v. Oppell.

3tes Garde-Grenadier-Regiment Königin Elisabeth.
Oberst v. Winterfeld.

Kombinirte Garde-Infanterie-Brigade.

General-Major Graf v. d. Goltz.

Adj.: Pr.-Lieut. Frhr. v. Ende, v. Kaiser Alexander Garde-Gren.-Regt.

4tes Garde-Regiment z. F.
Oberst v. Korth.

3tes Garde-Regiment z. F.
Oberst v. d. Groeben.

Garde-Husaren-Regiment.**)

Oberst-Lieutenant v. Kerssenbroigk.

4pfdge Garde-Batterie.***)

3te 6pfdge Garde-Batterie.†)

Summe der kombinirten Garde-Division: 12 Bataillone, 4 Eskadrons und 2 Batterien
= 9600 Mann Infanterie, 500 Mann Kavallerie und 14 Geschütze.

*) Dem III. Korps wurden zugetheilt ein leichtes Feldlazareth, eine Feld-Intendantur-Abtheilung, ein Feld-Proviant-Amt, eine Feld-Post-Expedition.
**) Trifft am 15ten Februar beim III. Korps ein.
***) Trifft am 10ten Februar beim III. Korps ein.
†) Trifft am 6ten Februar beim III. Korps ein.

Dok. 6

Bericht

des Ober-Kommandos vom 23sten Februar über das der Düppel-Stellung gegenüber einzuschlagende Verfahren.

An des Königs Majestät.

Euer Königlichen Majestät Allerhöchster Befehl vom 20sten d. veranlaßte mich, zunächst von dem ältesten Artillerie-Offizier im Hauptquartier, Oberst v. Graberg, einen Bericht über die technische Seite der Operationen gegen Düppel zu erfordern. Diesen Bericht füge ich allerunterthänigst bei und berichte meinerseits in tiefster Ehrfurcht, wie folgt:

Die seit meinem Berichte vom 14ten d. stattgehabten, eingehenden Rekognoszirungen haben ergeben, daß die provisorischen Fortifikationen von Düppel, im Charakter denen der Dannewerkstellung ähnlich, dennoch stärker als jene sind durch ihre konzentrirtere Lage auf kleinem Raume, welche weit wirksamere Flankirungen gestattet, und durch die Anlehnung an das Meer auf beiden Seiten.

Die diesseits als möglich hingestellte Flankirung vom Südstrande des Wenningbund aus wird nicht eintreten können, weil die Dänen drei Panzerschiffe besitzen, gegen welche die Küsten-Batterien bis jetzt keine erhebliche Wirkung zu äußern vermocht haben.

Es wird demnach auch mit Belagerungs-Geschütz auf einen umfassenden Angriff verzichtet werden müssen; der bloß frontale Angriff jedoch kann sich auch nach dem Eintreffen der etwa in vier Wochen zu erwartenden Belagerungs-Geschütze hinzögern, zum Minenkriege zwingen, der Feind kann neue Linien hinter den jetzigen aufwerfen — und so kann eine der schwierigsten militärischen Aufgaben entstehen, welche der beschränkten, aber energischen Kraft eines kleinen, zähen Volkes das willkommenste Feld bietet, sich uns als ebenbürtigen Feind zu zeigen.

Währenddessen würden unsere Truppen in Baracken-Lägern zur Deckung der Belagerung verbleiben müssen, und schwere Verluste durch Krankheiten wären unabwendbar — auf alle Fälle aber wäre unsere Kraft auf diesem fernen Kriegs-Theater engagirt und nicht mehr anderswo verfügbar.

Die Eroberung aber selbst des kleinen Erdwinkels von Düppel würde immer noch nicht zum Besitz von Alsen führen, — und ein Uebergang über den Alsensund ist unter dem Feuer der feindlichen Batterien und Schiffe so lange unausführbar, als von unserer Flotte so gar keine Unterstützung gezogen werden kann wie bis jetzt.

Diese Erwägungen führen dazu, nach einem Aequivalent zu suchen, dessen Besitznahme den Dänen empfindlich genug wird, um sie zu veranlassen, dem Drängen der Diplomatie zur Räumung von Alsen nachzugeben.

Dies Aequivalent liegt aber in der That nahe zur Hand: es ist die Besetzung des nächsten Stückes von Jütland nebst Erhebung von Kontributionen im übrigen Theile dieser ergiebigen Provinz, auf so lange, bis diese neue Kräfteentziehung den Dänen zwingend genug wird, um nachzugeben.

Das Thor zur Ausführung ist durch die unerwartete und zufällige diesseitige Besetzung von Kolding geöffnet. — Euer Königlichen Majestät spreche ich deshalb in tiefster Ehrfurcht meine Ansicht dahin aus:

Die Absendung eines Belagerungsparkes nach Düppel ist nicht vortheilverheißend, es genügt dort, wie bisher, ein Armee-Korps unter möglichster Kräfteschonung zu belassen, welches feindliche Ausfälle mit vollster Gewißheit des Erfolges zurückschlägt, dem Feinde in steten Vorposten-Gefechten empfindliche Verluste beibringt, seine Kräfte fesselt und sich selbst aguerrirt.

Währenddessen müßten das Kaiserliche Armee-Korps und die Garde-Division nach Jütland rücken, Fredericia maskiren, das Land bis Veile besetzen und möglichst bedeutende Kontributionen eintreiben.

Durch dieses Verfahren, wenn es bald befohlen wird, dürfen Euer Königliche Majestät hoffen, bis zum Frühjahr einen Theil der hier beschäftigten Armee anderwärts verwendbar zu haben.

Hauptquartier Hadersleben, den 23sten Februar 1864.
(gez.) Der Feldmarschall v. Wrangel.

Dok. 6a

Gutachtliche Aeußerung

vom artilleristischen Standpunkte aus über einen Angriff auf die Düppeler Schanzen.

Gleich nach dem Aufgeben der Dannewerk-Verschanzungen Seitens der Dänen traten die Erörterungen über die Frage, ob im weiteren Verlaufe der Kriegsoperationen die Düppeler Schanzen angegriffen werden müßten, und event. in welcher Weise, in den Vordergrund.

Das hierbei befohlene Gutachten des Unterzeichneten, ob bestehenden Falles die bei der Armee befindlichen Feldgeschütze mit Hinzurechnung der aus dem Belagerungsparke entnommenen zwölf gezogenen 12-Pfünder ausreichen würden, und wie dann ein Erfolg versprechendes Zusammenwirken aller dieser Geschütze zu erreichen wäre, sprach sich mit Rücksicht auf die bekannte Leistungsfähigkeit unserer jetzigen Feldgeschütze im Allgemeinen dahin aus:

„daß trotz der fortifikatorischen Wichtigkeit und der wahrscheinlich starken Armirung des größten Theiles der Schanzen, und ungeachtet der großen Vortheile, welche das dieselben umgebende Terrain dem Vertheidiger bietet, der günstige Erfolg eines solchen artilleristischen Angriffs, wenn er unternommen werden muß, nur dann möglich sein würde, wenn

1) alle vorhandenen Geschütze dabei in Thätigkeit kommen — und

2) die gezogenen Batterien beide Flügel in der Flanke, die glatten Batterien aber die Schanzen in der Front angreifen." —

Bei dieser Disposition über die Batterien lag die Absicht zum Grunde, ungefähr 24 gezogene Geschütze auf dem südlichen Strande des Wenningbund zu placiren, um zunächst das Feuer der Kriegsschiffe und Kanonenboote zu lähmen, nachher aber die Werke von 1 bis 5 und die dahinter stehenden Reserven mit einem sehr lebhaften Feuer in der Flanke anzugreifen.

In gleicher Weise sollten 12 gezogene Geschütze vom linken Flügel aus in der Art angreifen, daß sie ihr Feuer gegen die wahrscheinlich auch auf dem Alsener Sund befindlichen Kanonenboote und die auf der Insel Alsen angelegten Werke richten.

In der Front sollten vier 12pfündige und drei Haubitz-Batterien diejenigen Werke mit Granaten bewerfen, auf welche insbesondere nachher der Infanterie-Angriff gerichtet werden wird.

Bei einem solchen Angriffe konnte es sich nach der Ansicht des Unterzeichneten nur darum handeln, das lebende Material — Mannschaften und Geschütze — ganz oder theilweise zu vernichten oder so lange wenigstens außer Gefecht zu setzen, bis die Sturmkolonnen der Infanterie eingedrungen sind; von einem Abkämmen der Brustwehren, Zerstören der Schießscharten und Blockhäuser kann im vorliegenden Falle allerdings nicht die Rede sein, da dies außerhalb der Wirkungs-Sphäre der Feldgeschütze, selbst der gezogenen, auf so große Entfernungen, liegt.

Inzwischen ist auch für die Wirksamkeit der Feldgeschütze gegen die Schiffe auf beiden Seiten des Angriffs die große Schwierigkeit hinzugetreten, daß die Dänische Marine eine Anzahl Panzerschiffe besitzt, welche sich namentlich im Wenningbund sorglos bewegen, da ihnen die Feldgeschütze keinen Schaden zufügen können, sie aber unserm Angriff durch ihr Feuer sehr nachtheilig werden.

Alle diese Umstände möchten wohl den Ausspruch rechtfertigen, daß ein Erfolg des Angriffs der Düppeler Schanzen mit Feldgeschütz wohl möglich, aber sehr schwierig ist, und daß derselbe jedenfalls sicherer und ohne zu große Opfer erreicht werden könnte, wenn der Angriff nach den Regeln des Belagerungskrieges, unter dem Schutze von Batterien mit schweren Geschützen, namentlich Wurfgeschützen, und selbst unter Anwendung von Minen, zur Ausführung kommt.

Aber dagegen spricht neben anderen ein gewichtiger Grund, und dieser liegt unter den gegenwärtigen Verhältnissen in der dadurch herbeigeführten Verzögerung des Fortschreitens der Kriegsoperationen: denn die Mobilmachung der dazu nöthigen Festungs-Artillerie und des erforderlichen Theiles des Belagerungsparks, die Anfertigung der Munition und des Batterie-Baumaterials 2c. erfordern soviel Zeit, daß ein langer Stillstand in der Operation eintreten müßte. Und man kann auch selbst nach einem raschen Beginn eines solchen

Angriffs für einen baldigen und sicheren Erfolg nicht einstehen, da nach den Erfahrungen der neueren Zeit bei einer zähen und entschlossenen Vertheidigung die am Tage zusammengeschossenen Erdwerke in einer Nacht wieder hergestellt werden können.

Wenn daher die Wegnahme der Düppeler Schanzen durch strategische und andere Rücksichten nicht durchaus geboten erscheint, so glaubt der ehrerbietigst Unterzeichnete sein Gutachten dahin abgeben müssen, daß es in Rücksicht auf die großen Opfer an Zeit und Kräften besser sein dürfte, von derselben Abstand zu nehmen.

Hauptquartier Hadersleben, den 23sten Februar 1864.

(gez.) v. Graberg,
Oberst der Artillerie.

Dok. 7

Denkschrift des General-Lieutenants Freiherrn v. Moltke

vom 22sten Februar 1864.

Euer Königliche Majestät wollen huldreichst gestatten, über die augenblickliche Situation in Schleswig das Nachstehende ehrfurchtsvoll vorzutragen:

Der von Preußen und Oesterreich gestellten Forderung, das Herzogthum Schleswig zu räumen, sind die Dänen nicht nachgekommen.

In Folge dessen hat sich auf Schleswigschem Gebiet ein Gefecht entsponnen, welches auf das Jütländische hinüber geführt hat. Es kann auch, so lange ein Waffenstillstand nicht abgeschlossen, nimmermehr zugegeben werden, daß die Dänen durch Vorposten und Patrouillen unsere Kantonnements beunruhigen, während sie hinter einer im Terrain nicht vorhandenen Linie volle Sicherheit finden sollten.

Die faktische Ueberschreitung der Jütischen Grenze ist die gerechtfertigte Folge davon, daß der Feind diesseits derselben verblieben. Die fernere Behauptung von Kolding, militärisch nothwendig, um unsere rückwärtigen Quartiere zu sichern, ist politisch vortheilhaft, weil sie der Europäischen Diplomatie zeigt, daß die verbündeten Heere die Räumung von g a n z Schleswig mit allen im Kriege zulässigen Mitteln zu erzwingen gewillt sind. Es kann dies vermittelnde Verhandlungen durch auswärtige Mächte nur beschleunigen, deren Resultat für uns nur vortheilhafter stellen.

Das freiwillige Wiederaufgeben von Kolding würde den augenblicklich eingetretenen, hoffentlich noch auszugleichenden Dissens mit Oesterreich sofort sichtbar werden lassen und könnte der Sache nur schaden. Jene Räumung darf vielmehr nur eine Konzession werden, die wir bei den Friedensverhandlungen in Rechnung stellen.

Was die weitere Okkupation von Jütland betrifft, so ist diese Maßregel militärisch gewiß die richtigste.

Die Einnahme der verschanzten Stellung von Düppel kann, wenn nicht eine gänzliche Demoralisation der Dänischen Armee eingetreten sein sollte, nur auf dem Wege einer mehrwöchentlichen Belagerung erreicht werden, während wir unter bloßer Beobachtung von Fredericia im Stande sind, Jütland in wenigen Tagen zu erobern.

Es wäre dabei offen auszusprechen, daß man jeden Augenblick bereit ist, dies Land gegen Alsen wieder herauszugeben.

In Schleswig sind wir als Freunde und Beschützer eingerückt; für den Schaden, welchen Dänemark unserm Handel und unserer Schiffahrt zufügen wird, können wir uns nicht an Schleswig sondern nur an Jütland halten.

Man sollte freilich glauben, daß, wenn es Frankreich oder vielmehr dem Kaiser Napoleon konvenirt, uns zum Frühjahr den Krieg zu erklären, die Besetzung des außerdeutschen Schleswig dazu eine völlig genügende Veranlassung giebt und daß, wenn dies augenblicklich nicht im Interesse des Kaisers liegt, er auch um Jütlands willen schwerlich dazu schreiten wird.

Aber unzweifelhaft können sich auch schon aus dem bisherigen Vorgehen gegen Dänemark kriegerische Eventualitäten entwickeln, denen nur im Bunde mit Oesterreich erfolgreich zu begegnen sein wird.

Die weitere Besetzung Jütlands ist daher abhängig von der Beistimmung des Wiener Kabinets.

Sollte diese nicht zu erreichen sein, so würde allerdings ein ernsthafter Angriff auf Düppel nothwendig werden, da ein gänzlicher Stillstand der Operationen zu keinem Ziel führt und die Gefahr der Lage verlängert und steigert. Alle nöthigen Mittel zu einem solchen Angriff, also namentlich die Ausrüstung eines Belagerungstrains, dürften daher schon jetzt vorzubereiten sein.

Nicht minder erscheint es aus militärischem Gesichtspunkte dringlich, das eroberte Land auch für sich selbst wehrhaft zu machen. Bei einer Bevölkerung von fast 1 Million Einwohnern könnte dasselbe füglich 30 000 Mann aufstellen und unterhalten. Allerdings müßten dazu Preußen und event. Oesterreich einen Kern von Offizieren und Unteroffizieren sowie die Bewaffnung hergeben, dafür aber würde dann ein Theil unserer eigenen Streitkräfte verfügbar. Die so zu schaffende Armee würde aus den in Dänemark ausgebildeten Soldaten Deutscher Nationalität und im Uebrigen aus Landeskindern ausschließlich aller der Elemente bestehen, welche anderwärts bereits vorbereitet werden.

Die gewiß immer nöthige Aufstellung einer Schleswig-Holsteinschen Armee steht indeß im innigsten Zusammenhang mit den politischen Zielen des ganzen Unternehmens, welche mir nicht bekannt sind.

gez. Frhr. v. Moltke,
General-Lieutenant und Chef des Generalstabes
der Armee.

Dok. 8

Gutachten des General-Lieutenants Freiherrn v. Moltke

vom 28sten Februar 1864.

Euer ꝛc. remittire ich ganz ergebenst das mir gestern geneigtest mitgetheilte Memoire de dato Wien, den 19ten d. Mts. Dasselbe stellt die vorübergehende Besetzung Schleswigs als den Kriegszweck auf, während offenbar der Zweck des gemeinsamen Vorgehens der ist, Dänemark zum Eingehen gewisser, auf die Herzogthümer bezüglicher Bestimmungen zu nöthigen.

Dafür bildet jene Besetzung nur das nächstliegende Mittel und zwar ein solches, welches sich möglicherweise als noch nicht ausreichend erzeigen kann. In diesem Fall würde man jedenfalls doch zu weiteren Schritten genöthigt sein, die nur in der Okkupation Jütlands bestehen könnten.

Das umfangreiche, auf jene, wie ich glaube, unrichtige Grundlage sich stützende, strategische Raisonnement läßt sich in den nie bezweifelten Satz zusammenfassen, daß die Herrschaft zur See den Dänen gestattet, nicht zwar mit allen, aber mit dem überwiegend größten Theil ihrer Streitmacht entweder über Düppel oder über Fredericia zu debouchiren.

Die Dänische Armee nun ist zur Zeit nicht höher als auf 34 000 Mann zu veranschlagen. Sie kann daher schwerlich stärker als mit 27 000 an dem einen oder dem andern der genannten Punkte offensiv vorgehen.

Nun stehen augenblicklich Düppel 29 500, Fredericia 31 000 Verbündete gegenüber, und man wird auch in Wien nicht bezweifeln, daß die tapferen Oesterreichischen und Preußischen Truppen einem gleich starken Dänischen Heere im freien Felde und ohne den Schutz der Verschanzungen weit überlegen sind. Außerdem haben wir noch in Holstein eine Reserve von 5200 Mann und besitzen also vollständig die Mittel, um das offen daliegende Jütland durch mobile Kolonnen zu okkupiren.

Auf partielle Landungen in den östlichen Häfen Schleswigs ist ein ernstlicher Werth gewiß nicht zu legen, sie könnten nur zur Gefangennehmung der Gelandeten führen, und die außerordentlichen Verstärkungen des Feindes, von denen das Memoire spricht, würden am ehesten durch den völligen Stillstand der Operationen herbeigeführt werden. Ein solcher Stillstand würde eingestehen, daß wir am Ende dessen sind, was wir unternehmen können, und würde weder die Beendigung der Sache beschleunigen noch das Resultat derselben günstiger stellen.

Auf die Schwierigkeiten eines Angriffs auf Düppel und das fast nur negative Resultat selbst im Falle des Gelingens brauche ich nicht zurückzukommen. Das Memoire sagt: daß man vor dem Dannewerk eine noch schwerere Aufgabe vermuthet habe. Man würde sie auch gefunden haben, wenn die Stellung nicht umgangen worden wäre. Düppel aber läßt sich nicht umgehen.

Ist indeß das Wiener Kabinet für den Einmarsch in Jütland nicht zu gewinnen, so bleibt, da wir uns in dieser Sache nicht von unserem Verbündeten trennen können, allerdings nur der kräftige Angriff auf Düppel und Alsen übrig, und ich glaube, daß die Mobilmachung und Absendung des Belagerungs-Trains gleich jetzt erfolgen müßte.

Immer wird es auch dann nöthig sein, mindestens eine Division in und bei Kolding zu belassen, sowohl um die bei ihrer längeren Dauer nothwendig weitläuftigen Kantonnements der Armee in Schleswig gegen einen Angriff von Fredericia her zu sichern, als auch, um den Feind zu verhindern, alle seine Kräfte nach Alsen zu konzentriren. Die Bedrohung wenigstens von Jütland dürfte nicht ganz aufgehoben werden. Der größte Theil der Oesterreichischen Artillerie wäre dagegen nach dem Sundewitt mit heranzuziehen, sowie sämmtliche Pionier-Abtheilungen.

Die Heranführung unserer schweren Geschütze und die Anfertigung des Belagerungsmaterials wird etwa 14 Tage erfordern und uns zu einer unfreiwilligen Waffenruhe von dieser Dauer nöthigen.

Führen in dieser Frist die diplomatischen Verhandlungen nicht zu einem befriedigenden Resultat, so müßte wenigstens nach Ablauf derselben der Angriff mit vorbereiteten Mitteln und versammelten Kräften unverzüglich unternommen werden können.

gez. Frhr. v. Moltke.

Dok. 9

Bericht

des General-Lieutenants Freiherrn v. Moltke über die Ausführung eines Ueberganges nach Alsen.

Für eine Landung auf Alsen ist die Hauptrücksicht, nicht nur den Sturm auf die Düppelstellung zu erleichtern oder zu umgehen, sondern es handelt sich dabei geradezu um die Vernichtung des Dänischen Heeres, wenn man den Uebergang überhaupt bewirken und in ausreichender Stärke zu Stande bringen kann.

Dazu aber ist die Mitwirkung der Flotte, eventuell selbst nur der Kanonenboote, von äußerster Wichtigkeit.

Das Erscheinen derselben in der Alsener Föhrde bei Ballegaard hängt nun allerdings von Wind und Wetter, von zufälliger Begegnung mit dem Feinde, kurz vom Glück ab, aber die Truppen vor Düppel stehen so konzentrirt, daß es nur der telegraphischen Benachrichtigung von dem Auslaufen der Flotte bedarf, um während der 24 bis 36 Stunden bis zu ihrem Eintreffen alle schon eingeleiteten Vorkehrungen zu beenden und unverweilt zur Einschiffung zu schreiten. Träfe die Flotte nicht ein, so würde die Land-Armee ihre Unternehmungen deshalb nicht aufgeben, aber freilich dann auf ihre eigenen Hülfsmittel beschränkt bleiben.

Der Beistand der Schiffe für den Transport wird für die Dauer von etwa sechs Stunden in Anspruch genommen. Zu ihrer Sicherung können 36 Geschütze am westlichen Ufer aufgestellt werden.

Die Absendung eines Marine-Offiziers in das Hauptquartier Seiner Königlichen Hoheit des Prinzen Friedrich Karl erscheint wünschenswerth.

Unter welchen Umständen das Auftreten unserer Schiffe in der Alsener Föhrde angänglich und welche Maßregeln dafür zu ergreifen sein werden, dürfte lediglich der Beurtheilung des Marine-Ober-Kommandos zu überlassen sein, welchem nicht sowohl der Befehl, als die Ermächtigung zu dieser Unternehmung zu ertheilen wäre. Auch die Zeit der Ausführung kann nicht vorgeschrieben, wohl aber darauf hingewiesen werden, daß die Verhältnisse vor Düppel zu einer nahen

Entscheidung drängen, daß dort voraussichtlich noch im Laufe dieses Monats die Würfel fallen werden, und daß daher eine Mitwirkung der Flotte, wenn sie überhaupt angänglich ist, in die bezeichnete Frist fallen müßte.

Ueber das wirklich stattfindende Auslaufen der Flotte wäre seiner Zeit unverzüglich Mittheilung an Seine Majestät den König und das Marine-Ministerium zu machen, ebenso, wenn demnächst dieselbe an der Ausführung ihres Auftrages behindert würde.

Berlin, den 24sten März 1864.

gez. Frhr. v. Moltke,
General-Lieutenant
und Chef des Generalstabes der Armee.

Dok. 10

Geschütz-Ausrüstung der Düppel-Stellung

am Morgen des 2ten April.

(Entnommen aus Schöller, „Kampf um die Düppel-Stellung", Seite 162; die Vertheilung der Geschütze auf die einzelnen Linien ist nicht zu ermitteln.)

Nummer der Schanze	36pfdge Kanonen		24pfdge Kanonen		12-Pfünder	84pfdge Granat-Kanonen I.	84pfdge Granat-Kanonen II.		24pfdge Granat-Kanonen		12pfdge Haubitzen	12pfdge gez. Kanonen	4pfdge gez. Kanonen	84pfdge Mörser	24pfdge Mörser	Summe	Bemerkungen
	hoch	tief	hoch	tief	tief	hoch	hoch	tief	hoch	tief	tief	tief	tief				
I.	1	1	—	—	—	—	—	—	—	4	—	—	—	—	—	6	„hoch" und „tief" bezieht sich auf die Laffetirung.
II.	—	—	—	—	3	—	—	1	—	—	—	3	1	—	—	8	
III.	—	—	—	—	2	—	—	—	—	2	—	—	—	—	3	7	
IV.	—	—	—	—	—	1	1	4	1	5	—	—	—	—	—	12	
V.	—	—	—	2	—	—	—	—	—	2	—	—	—	—	—	4	
VI.	—	—	—	2	4	1	—	3	—	—	—	2	—	—	3	15	
VII.	—	—	—	—	4	—	—	—	—	—	—	—	—	—	—	4	
VIII.	—	—	1	3	—	—	—	—	—	—	2	3	1	—	—	10	
IX.	—	—	—	—	—	1	1	3	—	3	—	—	—	2	—	10	
X.	—	—	4	—	—	—	—	—	—	—	3	—	—	—	—	7	
Summe	1	1	5	7	13	3	2	11	1	16	5	8	2	2	6	83	

Die in Anlage Nr. 23 gegebene Ausrüstung des Brückenkopfes und der Batterien auf Alsen scheint sich nicht geändert zu haben.

Dok. 11

Befehl

des Dänischen Ober-Kommandos, betreffend die Verwendung der Reserven bei eintretendem Sturm.

Hauptquartier Sonderburg, den 28sten März 1864.

Das Ober-Kommando giebt für den Fall, daß die Düppel-Stellung angegriffen wird, in Betreff der Reserven folgende Bestimmungen:

1) Von der Brigade, die in den Baracken steht, wird bei eintretendem Alarm unverzüglich ein Bataillon des Regiments, welches südlich der Chaussee untergebracht ist, nach der zurückgezogenen Linie hinter den linken Flügel der Stellung entsendet, wo es sich möglichst verdeckt aufstellt, um als Reserve für die Laufgräben, beziehungsweise zur vorläufigen Besetzung der zweiten Linie verwandt zu werden. Das zweite Bataillon bleibt bei den Baracken stehen. Von dem Regiment, welches in den Baracken nördlich der Chaussee liegt, rückt ein Bataillon nach der Senkung hinter der Düppeler Mühle, das andere Bataillon hinter die Schlucht zwischen Schanzen VI und VIII.

2) Sobald die Brigade in Sonderburg alarmirt wird, giebt sie ein Bataillon zur Besetzung des Brückenkopfes ab, entsendet ein zweites nach der Senkung hinter IX und X und rückt mit dem zweiten Regiment nach dem Barackenlager, wo es eine Aufstellung nördlich der Chaussee à cheval des Weges nach Apenrade nimmt.

3) Die Königliche Leib-Garde zu Fuß rückt sofort nach dem Barackenlager und nimmt dort eine Aufstellung südlich der Chaussee.

4) Die in den Baracken bei Sundsmark und in Ulkebüll kantonnirende Brigade rückt über die Brücken vor und löst im nördlichen Brückenkopf das dort befindliche Bataillon mit einem Regimente ab. Das abgelöste Bataillon vereinigt sich demnächst auf dem kürzesten Wege mit dem zu demselben Regiment gehörigen Bataillon, welches hinter dem Zwischenraume zwischen den Schanzen IX und X steht. Das zweite Regiment der Brigade rückt nach dem Barackenlager vor und löst das dort stehende Regiment ab, welches hinter die Schluchten zwischen VI und VIII rückt. Sobald das Regiment hier

seinen Platz eingenommen hat, entsendet es das dort stehende Bataillon zu dem andern desselben Regiments hinter der Düppeler Mühle. Diese Brigade hinterläßt nur auf ausdrücklichen Befehl ein Bataillon auf dem Alarmplatze bei Kjär. Auf diese Weise wird hinter jedem Flügel eine versammelte Brigade stehen und bei dem Barackenlager die Königliche Garde zu Fuß und ein Regiment, nebst einem Regiment im Brückenkopf.

Die in Augustenburg im Kantonnement liegende Brigade rückt nach Sonderburg und marschirt an dem Wege von Augustenburg nördlich von Sonderburg auf. Diese Brigade läßt, wenn es nicht ausdrücklich anders befohlen wird, ein Bataillon in Eken. Bis ich im Barackenlager eintreffe, führt der bis dahin in der Düppel-Stellung kommandirende Divisions-General den Befehl und trifft seine Maßnahmen, insofern die Umstände nicht eine Abweichung nöthig machen, mit Beziehung auf das Vorstehende.

Sobald ich eingetroffen sein werde, übernimmt der Kommandeur der 1sten Division den Befehl auf dem rechten, derjenige der 2ten den Befehl auf dem linken Flügel. Von der Feld-Artillerie fährt die zuerst ankommende Batterie in die hinter den Schanzen IV, VI und VIII liegenden Geschützstände. Die zweite Batterie erwartet westlich vom Brückenkopfe nähere Befehle, die dritte bleibt vorläufig auf dem Parkplatze halten.

Im Falle eines Alarms können beide Brücken zum Hin- und Rückmarsche benutzt werden.

gez. Gerlach.

Dok. 12

Weisung

des Dänischen Ober-Kommandos in Bezug auf den Dienst in den Schanzen.

1) Außer den Bedienungsmannschaften der Geschütze in den Schanzen wird folgende Infanterie-Besatzung für dieselben bestimmt:

In	Nr.	I	½	Kompagnie,*)
„	„	II	¾	„
„	„	III	¼	„
„	„	IV	¾	„
„	„	V	30	Mann,
„	„	VI	¾	Kompagnie,
„	„	VIII	¾	„
„	„	IX	1	„
„	„	X	1	„

Zusammen 6 Kompagnien 30 Mann.

2) Der Kommandant über sämmtliche Schanzen führt den Oberbefehl über die Infanterie- und Artillerie-Besatzungen derselben.

3) Der älteste Offizier in jeder Schanze befehligt im Fall eines Angriffs die gesammte Besatzung, doch haben die Kommandeure der Infanterie und Artillerie jeder für sich die ausschließliche Verantwortlichkeit für ihre Waffe.

4) Die Kommandeure der Artillerie-Besatzungen führen die Aufsicht über die innere Ordnung in den Schanzen; die Infanterie-Besatzungen haben daher den von ihnen gegebenen Anweisungen in dieser Hinsicht Folge zu leisten. Erstere sorgen dafür, daß die Schanzen in einem vertheidigungsfähigen Stande sind, die Brücken eingezogen und die Thore geschlossen werden können.

5) Bei Tage soll mindestens die Hälfte der Bedienungsmannschaften von jeder Kanone in unmittelbarer Nähe des Geschützes sein.

*) Die hier vorgeschriebene Stärke der Besatzungen stimmt vielfach nicht mit der am 18ten April verwendeten.

Ein Konstabel für je zwei Geschütze soll die Bewegungen des Feindes und das Gelände beobachten, um Kenntniß von den dort ausgeführten Arbeiten zu erhalten, über die er sofort Meldung macht. Der Rest der Artilleristen sucht Schutz in dem Gelände bis auf 300 Schritt hinter den Schanzen. Fällt ein Schuß in den Schanzen, so rücken die Artilleristen sofort in dieselben ein.

Die Infanterie-Besatzungen suchen bei Tage Schutz im Gelände hinter den Schanzen auf 400 Schritt Abstand von diesen, doch sollen sie zwei bis vier Beobachtungsposten in denselben aufstellen, welche die Bewegungen des Feindes beobachten. Macht der Feind Miene zum Angriff, so eilt die Besatzung sofort in die Schanzen, die Brücken werden eingezogen, die Thore geschlossen.

6) Bei Nacht sollen die gesammten Besatzungen in den Schanzen sein, die Brücken werden eingezogen, die Thore gesperrt, die Geschütze geladen und so gerichtet, wie es die Weisung für die Artillerie besagt. Die Schildwachen bei den Geschützen haben die Schlagröhren und Abziehschnüre bei sich.

Werden in den Schanzen bei Nacht Arbeiten vorgenommen, so sind die Brücken, so lange diese Arbeiten dauern, nicht einzuziehen. Wird ein besonderes Arbeits-Kommando in den Schanzen verwendet und steht dadurch eine Ueberfüllung derselben mit Mannschaften zu befürchten, so soll während der Zeit ein Theil der Infanterie-Besatzung herausgezogen werden und hinter den Schanzen Schutz im Gelände suchen. Fällt ein Schuß in der Vorpostenkette, so rückt das Arbeits-Kommando aus der Schanze, die Besatzung dagegen ein, die Brücken werden eingezogen und die Thore geschlossen.

7) Die Artillerie-Besatzungen haben alle artilleristischen Arbeiten in den Schanzen auszuführen, den Ingenieuren bei den ihrigen an die Hand zu gehen und die Arbeiten auszuführen, welche ihnen von diesen Offizieren angewiesen werden, auch den Mannschaften Deckungen zu verschaffen. Die Infanterie-Besatzungen haben die Arbeiter zu stellen, die der Kommandeur der Artillerie verlangen wird.

8) Die in der Weisung für die Besetzung und Vertheidigung der geschlossenen Schanzen vom 19ten Februar*) getroffenen Anord-

nungen bleiben in Kraft, so weit sie nicht durch die eben angeführten Bestimmungen verändert werden, doch will ich, daß die Blockhäuser künftig weder zum Aufenthalt, noch zur Vertheidigung benutzt werden.

Sonderburg, den 1sten April 1864.

(gez.) Gerlach.

Dok. 13

Weisung

des Dänischen Ober-Kommandos für das Verhalten der Schanzen-Besatzung im Falle eines Angriffes.

1) Jede geschlossene Schanze, wozu auch der Brückenkopf zählt, wird mit der vom Ober-Kommando bestimmten Stärke besetzt.

2) Während dem Kommandeur der Artillerie-Besatzung stets allein die Verantwortlichkeit für die Leitung des Geschützfeuers zusteht, übernimmt der älteste Offizier in der Schanze den Befehl über die gesammte Besatzung aller Waffen, wenn ein Angriff stattfindet oder erwartet wird.

3) Bei Uebernahme des Befehls in den Schanzen und ebenso bei der täglichen Ablösung müssen die Kommandeure sich sofort überzeugen, ob dieselben in vertheidigungsfähigem Stande sind, die Thore geschlossen und die Brücken eingezogen werden können u. s. w.

4) Die Infanterie wird eingetheilt und in der Aufstellung geübt wie in den Festungen, ebenso in der Chargirung. Dabei ist zu beachten:

a. Die zur Vertheidigung durch Infanterie bestimmten Linien werden, wenn sie gegen den Feind gekehrt sind, mit zwei Gliedern besetzt, ungefähr eine Rotte auf je 4 Fuß Feuerlinie. Die anderen für Infanterie bestimmten Linien werden je nach Umständen mit einem oder zwei Gliedern besetzt, der Rest in eine oder mehrere Reserve-Abtheilungen gesammelt und an zweckmäßigen Punkten aufgestellt. Wo sich Blockhäuser finden, sind diese der Aufenthaltsort für die Reserven.

b. Ein Theil der Reserve wird zur Besetzung der Geschützbänke angewiesen für den Fall, daß das Artilleriefeuer schweigt, oder der Feind stürmt und sich in der Nähe des Grabenrandes befindet.

c. Die Mannschaft wird unterwiesen, wie sie sich beim Feuern zu verhalten habe. Nur das erste Glied steht auf dem Auftritt; wenn ein Mann geschossen hat, tritt er nach links rückwärts vom Auftritt und ladet, der Hintermann tritt hinauf und feuert, und so fort. Nach Umständen kann auch das Feuer mit einem ganzen Gliede auf einmal angewandt werden, wenn der Feind Miene macht, zu stürmen. Feuert die Artillerie nicht und der Feind ist innerhalb Gewehrbereichs, so tritt die Infanterie auf die Geschützbänke oder an die Scharten. Auf den Bänken liegt die Mannschaft auf den Knieen, um mehr Deckung zu haben.

d. Die Mannschaft wird ferner darin geübt, daß das erste Glied mit Hülfe der angebrachten Lattenstufen auf die Brustwehr springt, um den Feind mit dem Bajonnet herunterzustoßen, wenn er die Krone betritt, und dann schnell wieder herunterzusteigen. Das zweite Glied nimmt sofort den Platz auf dem Auftritt ein, wenn das erste Glied auf der Krone ist, um es nach Umständen zu unterstützen. Die für die Geschützbänke bestimmte Infanterie muß, wenn in solchen Fällen der Kartätschschuß gegen den Feind am Grabenrande abgegeben ist, sofort die Bänke und Scharten besetzen und wie die übrige Infanterie sich benehmen.

e. Die Benutzung der Reserve ist bei angenommenem Sturm zu üben.

f. Wenn diese Uebungen hinlänglich durchgemacht sind und der Feind nicht in der Nähe ist, wird die Infanterie-Besatzung in der Regel aus den Schanzen gezogen und in unmittelbarer Nähe derselben gedeckt aufgestellt.

5) Wenn des Nachts Schüsse bei den Vorposten gehört werden, besetzt die Infanterie sogleich die geschlossenen Schanzen. Am Tage geschieht dies erst dann, wenn sich die feindlichen Sturmkolonnen sammeln oder sich bis auf 1500 Schritt nähern. Die Brücken werden dann eingezogen, die Thore geschlossen, Alles nimmt die bestimmten Plätze ein.

6) Wenn der Feind sich auf 700 bis 800 Schritt Entfernung befindet, beginnt das Infanteriefeuer langsam und nur mit den besten Schützen. Die übrige Besatzung tritt erst auf den Auftritt und eröffnet das Feuer, wenn dichte feindliche Ketten auf 400 bis 500 Schritt

Abstand herangekommen sind. Es wird so schnell als möglich geschossen, doch immer mit gutem Zielen, wenn der Feind bis auf 200 Schritt und näher kommt. Ist der Feind bis auf diese Entfernung heran, so verläßt die Reserve die Blockhäuser und stellt sich auf den für sie bestimmten Plätzen auf. In den Pausen des Artilleriefeuers oder wenn dieses ganz aufhört, werden die Geschützbänke besetzt — besonders die in den ausspringenden Winkeln, gegen die man den Angriff besonders gerichtet glauben kann — und wird von dort ein lebhaftes Feuer unterhalten. Ist der Feind in den Graben gelangt und ersteigt die Brustwehr, muß genau auf den Zeitpunkt geachtet werden, wo sich die Köpfe über derselben zeigen. Dieser Augenblick, wo die Stürmenden das Feuer von außen hindern, muß benutzt werden, um auf die Krone zu springen, sie hinunterzustürzen und in den Graben nachzufeuern.

Gelingt es dem Feinde, auf der Krone festen Fuß zu fassen, so gehen ihm sofort Theile der Reserve entgegen. Einzelne Abtheilungen derselben können möglicherweise schon früher benutzt werden, um Verwundete zu ersetzen, die schwächsten Theile der Linien zu verstärken u. s. w., doch, soweit es möglich, muß ihr Haupttheil bis zur Benutzung beim Sturm zurückgehalten werden. Der flüchtende Feind wird heftig beschossen, ein Ausfall aber nur unter ganz besonders günstigen Umständen gemacht.

7) Ueber den Geschützgebrauch in den Schanzen wird das Artillerie-Kommando eine genaue Weisung ertheilen.

8) Es ist Pflicht der befehligenden Offiziere, die Schanzen in allen Fällen hartnäckigst zu vertheidigen, selbst wenn die Truppen im Uebrigen zurückgedrängt werden sollten und sie ganz umringt sind. Die Besatzung ergiebt sich erst, wenn es dem Feinde gelungen ist, trotz kräftiger Gegenwehr in die Schanzen mit Uebermacht einzudringen.

9) Beim Infanteriefeuer von den in der Kehle offenen Schanzen bleibt in der Hauptsache dasselbe zu beachten wie bei den geschlossenen. Im Uebrigen muß die Infanterie es stets im Auge haben, daß sie im Fall eines Sturmangriffs die Geschütze und deren Bedienung, die auf der Linie stehen, wo das Werk liegt, kräftigst vertheidigen.

Ein solcher Angriff wird wahrscheinlich nicht gegen ein offenes Werk selbst gerichtet sein, vielmehr gegen die daran stoßenden Laufgräben; dann kann die Besatzung desselben nach Umständen als Rückhalt für die angegriffenen Punkte oder zum Gegenangriff verwendet werden.

Sonderburg, den 19ten Februar 1864.

gez. Lüttichau.

Dok. 14

Instruktion für den Sturm auf die Düppeler Schanzen.

Der Sturmangriff wird gleichzeitig gegen die Werke I bis VI mit 6 Kolonnen ausgeführt. Jede Kolonne erhält die Nummer des Werkes, welches sie angreifen soll. Gegen die Werke II und IV, an welche sich feindliche Verbindungs-Retranchements anschließen, werden stärkere Kolonnen verwendet. Die Kolonnen Nr. 1, 3, 5, 6 bestehen jede aus 6, Nr. 2 aus 10, Nr. 4 aus 12 Infanterie-Kompagnien. Nr. 2, 4 und 6 wird je eine ganze, Nr. 1, 3 und 5 je eine halbe Pionier-Kompagnie zugetheilt. Alle Kompagnien sind in Sektionsfront formirt; Anzug in Mütze ohne Tornister, die Mäntel en bandoulière.

An der Spitze jeder Kolonne marschirt eine zum Ausschwärmen bestimmte Infanterie-Kompagnie.*) Unmittelbar dahinter folgt die Arbeiter-Abtheilung mit umgehangenen Gewehren. Diese besteht aus den Pionieren, welche Spaten, Hacken, Aexte, Brechstangen u. s. w., sowie Pulversäcke à 30 Pfund mit sich führen, und außerdem bei jeder Kolonne aus einer Infanterie-Kompagnie zum Tragen von Leitern, Brettern, Heusäcken und anderen Geräthschaften. Die Mannschaften der Arbeiter-Abtheilung nehmen so viel Distanz von einander, als der bequeme Transport der mitgeführten Gegenstände erfordert.

Auf 100 Schritt Abstand folgt die eigentliche Sturmkolonne, welche bei Nr. 1, 3, 5 und 6 aus zwei, bei Nr. 2 aus vier und bei Nr. 4 aus fünf Infanterie-Kompagnien besteht.

150 Schritt dahinter folgt die Reserve jeder Kolonne. Bei letzterer befinden sich für jede Kolonne 1 Offizier, 4 Unteroffiziere, 20 Artilleristen für etwaigen Gebrauch der in den Schanzen eroberten Geschütze. Die Artilleristen jeder Kolonne sind mit 5 Pechfackeln versehen.

Hinter der Reserve der Kolonne Nr. 5 folgt ein Artillerie-Offizier und eine halbe Pionier-Kompagnie, welche, mit Spaten,

*) Bei Kolonne 2 und 4 wurden später noch zwei von den eigentlichen Sturm-Kompagnien zum Ausschwärmen bestimmt.

Aexten, Hacken, Brechstangen und Hebebäumen versehen, die an der Chaussee zwischen den Schanzen IV und V befindliche Barrikade wegzuräumen und den Weg fahrbar zu machen haben.

Die 6 Sturmkolonnen bestehen speziell aus:

Nr. 1, 3, 5, 6 à 6 Inf. Komp.	= 24 Inf. Komp.,	2½ Pion. Komp.,	
Nr. 2 à 10 Inf. Komp.	= 10 = =	1 = =	
Nr. 4 à 12 Inf. Komp.	= 12 = =	1 = =.	
Summe	= 46 Inf. Komp.,	4½ Pion. Komp.	

Zur Wegräumung der Barrikade an der Chaussee eine halbe Pionier-Kompagnie.

Also im Ganzen zum Sturm:

11½ Bataillone Infanterie,
5 Pionier-Kompagnien,
7 Offiziere, 24 Unteroffiziere, 120 Artilleristen.

Die Infanterie wird gegeben:

Kolonne 1: von der Garde 6 Kompagnien,
= 2: = = Brigade v. Canstein 10 Kompagnien,
= 3: = = = v. Raven 6 Kompagnien,
= 4: = = { = v. Goeben 4 Kompagnien,
{ = v. Schmid 8 Kompagnien,
= 5: = = = v. Roeder 6 Kompagnien,
= 6: = = Garde 6 Kompagnien.

Die Hauptreserve besteht aus 2 Infanterie-Brigaden und 4 bespannten Feld-Batterien.

Die Sturmkolonnen werden an der Büffelkoppel zur bestimmten Zeit formirt und von da durch die Ingenieur-Offiziere derselben nach der 2ten Parallele geführt, wo sie vor Tagesanbruch eintreffen müssen und die Arbeiter die dort niedergelegten Geräthschaften empfangen.*) Außerdem erhält daselbst jeder Mann der Kolonne

---

*) Eine Arbeiter-Kompagnie erhielt beispielsweise: 80 Sturmsäcke, 10 Beile, 10 Schippen, 10 Klimmbretter, 10 Leitern.

einen leeren Sandsack. Von da rücken die Kolonnen nach der vordersten (3ten) Parallele vor, wo sie geordnet und aufgestellt werden. Die hier nicht Platz findenden Reserven der Kolonnen bleiben in der 2ten Parallele zurück und setzen sich von hier aus in Bewegung, wenn die Teten der Kolonnen aus der vordersten Parallele zum Sturme vorgehen. Jeder Mann der Sturmkolonne füllt den mitgebrachten leeren Sandsack zur Hälfte mit Erde von den Revers-Brustwehren,**) und die Arbeiter stellen sich neben ihre Geräthe, so daß sie dieselben sofort aufnehmen können.

Die Brigaden v. Canstein und v. Raven werden beim Sturm die Hauptreserve bilden und beim Beginn desselben die Parallelen und das Dorf Düppel besetzen. Die bestimmten 4 bespannten Feld-Batterien nehmen schon vor Tagesanbruch eine verdeckte Aufstellung in der Nähe des Spitz Berges und der Chaussee.

Sobald der Sturm befohlen wird, bis zu welchem Zeitpunkte sämmtliche Angriffsbatterien ein mindestens 6 Stunden anhaltendes, lebhaftes Geschützfeuer auf die anzugreifenden Werke ohne Unterbrechung unterhalten haben müssen, debouchiren die 6 Sturmkolonnen gleichzeitig über die Ausfallstufen aus der vordersten Parallele, wobei die Kolonnen 5 und 6 sich gleich links über die Chaussee hinüber gegen die Schanzen V und VI wenden, und die hinter Kolonne 5 folgende ½ Pionier-Kompagnie auf die Barrikade an der Chaussee losgeht.

Nachdem die Teten-Kompagnien der Kolonnen die vorderste Parallele verlassen haben, entwickeln sie die Schützenlinie, welche möglichst schnell vorgeht, indem sie die ihr angewiesene Schanze im Auge behält und nur auf diese, ohne Rücksicht auf Verbindung mit der Nebenkolonne ihre Richtung nimmt. Auch hierbei dienen die Offiziere der Pionier-Kompagnien als Führer.

**) Diese Bestimmung wurde in der am 17ten April bei Wielhoi stattfindenden Besprechung dahin abgeändert, daß die Schützen-Kompagnien die Säcke leer mitführen sollten. Da sich der auch nur halb gefüllte Sack jedoch als zu schwer erwies, so wurde er von den meisten Leuten bald nach dem Verlassen der Parallele weggeworfen.

Stoßen die Schützen auf natürliche oder künstliche Hindernisse, welche sie nicht überschreiten können, so werden diese von den Arbeitern, welche darüber besonders instruirt und eingeübt sind, beseitigt.

An dem Rande der Schanzen angekommen, umfassen die Schützen die Werke auf allen zugänglichen Seiten und feuern gegen die sichtbare Besatzung; die Sturmkolonnen dringen, nachdem die Arbeiter ihnen den Weg gebahnt haben, in den Graben ein, breiten sich darin aus und ersteigen die Brustwehr, sobald die im Graben befindlichen Hindernisse — Pallisaden u. s. w. — beseitigt sind. Ist die Brustwehr erstiegen, so werden die Schützen zusammengezogen und gegen die Kehle dirigirt, um der Besatzung den Rückzug abzuschneiden.

Die noch nicht zerstörten Blockhäuser in den Schanzen werden, sobald die Besatzung der letzteren vertrieben ist, von den Pionieren mittelst Pulver gesprengt; außerdem werden die mitgebrachten Heusäcke in die Scharten gestopft und mit Pechfackeln angezündet, um die Blockhäuser in Brand zu stecken oder ihre Besatzung durch den Rauch zu vertreiben.

Von jeder der aus 4 bezw. 5 Infanterie-Kompagnien bestehenden Sturmkolonnen Nr. 2 und 4 geht eine Kompagnie rechts und eine links,*) jede gefolgt von einer Kompagnie der Reserve gegen die neben den Schanzen Nr. II und IV befindlichen Verbindungs-Retranchements vor.

Die Sturmkolonnen müssen jedes Gefecht mit den zwischen den Schanzen etwa vordringenden feindlichen Truppen vermeiden und ihren Weg gerade auf die anzugreifenden Schanzen los möglichst rasch zu verfolgen suchen. Der Kampf gegen vordringende feindliche Truppen muß von der Hauptreserve geführt werden, welche dazu auf Befehl des Höchst-Kommandirenden vorgeht. Nach dem Vormarsch der Sturmkolonnen rückt die Hauptreserve-Brigade des rechten Flügels in die vorderste Parallele. Ebenso rücken die 4 bespannten Feld-Batterien allmählich auf der Chaussee vor. Ob nach Eroberung einer oder mehrerer Schanzen noch weiter vorgegangen werden soll,

*) Diese Kompagnien bei der 2ten und 4ten Kolonne wurden später den Schützen-Kompagnien zugetheilt, so daß die eigentlichen Sturm-Kompagnien bei Kolonne 2 und 4 nur 2 bezw. 3 Kompagnien zählten.

hängt vom Ermessen des Höchst-Kommandirenden ab. Jedenfalls dürfen die in die Werke eingedrungenen Truppen dieselben nicht verlassen, sondern müssen sich darin bis auf den letzten Mann halten.

Die Gammelmark-Batterien bleiben während des Sturmes im Feuer gegen die vorrückenden feindlichen Kolonnen und das rückwärts liegende feindliche Retranchement.

Hauptquartier Gravenstein, den 15ten April 1864.

gez. Friedrich Karl,
Prinz von Preußen.

Auf einem besonderen Blatt, nur zur Kenntnißnahme der Kommandeure und der Führer der Sturmkolonnen, war folgende Bemerkung hinzugefügt:

Sollte nach Wegräumung der Hindernisse im Graben der Feind gegen die Ersteigung der Brustwehr keinen Widerstand leisten und die eindringenden Truppen die Schanzen etwa von der Besatzung verlassen finden, so müssen die Mannschaften der Sturmkolonnen sich sogleich zurückziehen und sich außerhalb hinter der Brustwehrböschung gedeckt halten. Es geht dann zuerst ein Pionier-Unteroffizier mit zwei Mann vorsichtig im Inneren vor, um zu untersuchen, ob in der Schanze oder im Blockhause etwa Minen vorbereitet sind.

gez. v. Mertens,
Oberst.

Datum.	Monat März																
	15.	16.	17.	18.	19.	20.	21.	22.	23.	24.	25.	26.	27.	28.	29.	30.	31.
Schußzahl.	463	595	273	232	172	344	107	127	176	62	126	311	345	204	149	169	[illegible]

Graphische Darstellung der täglichen Schußzahl.

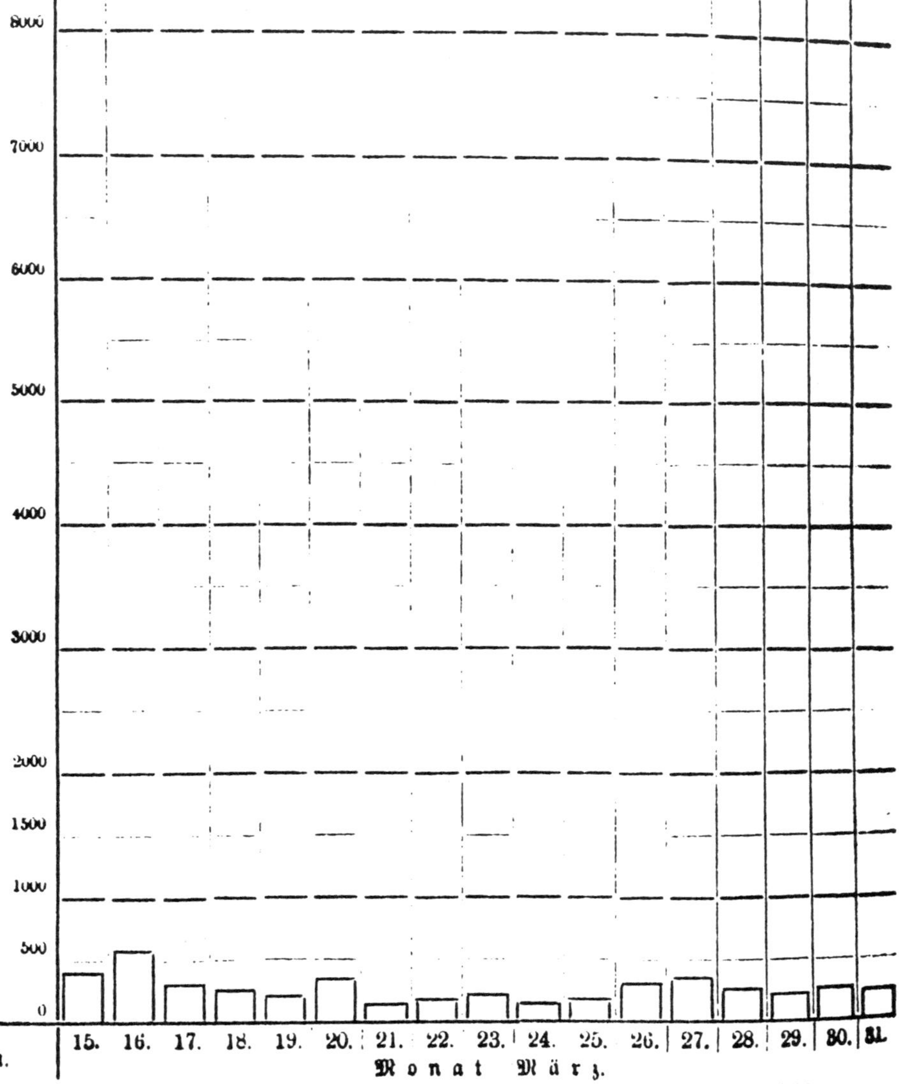

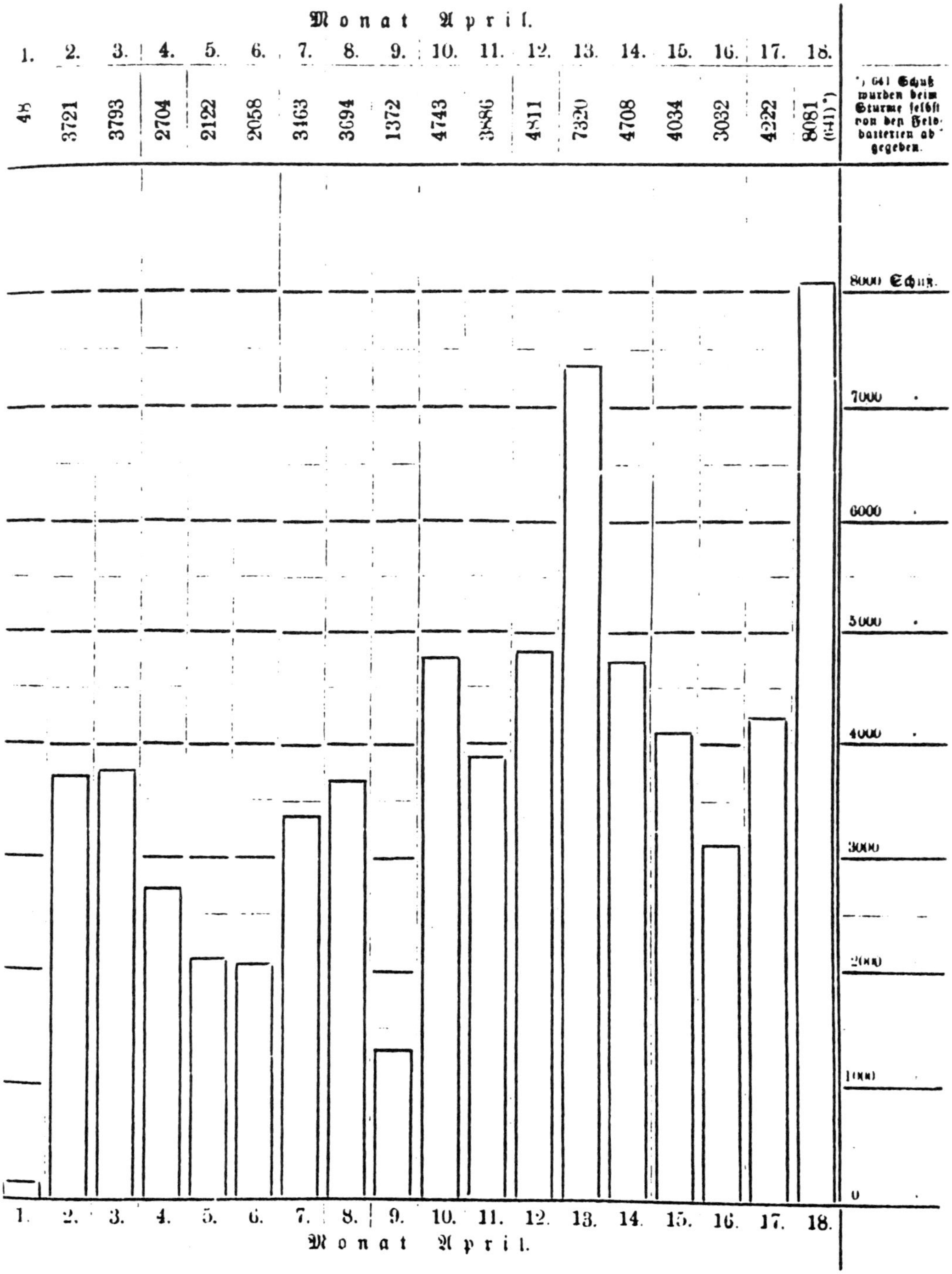
Monat April.
1. 2. 3. 4. 5. 6. 7. 8. 9. 10. 11. 12. 13. 14. 15. 16. 17. 18.
48 3721 3793 2704 2122 2058 3163 3694 1372 4743 3886 4811 7320 4708 4034 3032 4222 8081 (641*)
*) 641 Schuß wurden beim Sturme selbst von den Feldbatterien abgegeben.
8000 Schuß.
7000
6000
5000
4000
3000
2000
1000
0
1. 2. 3. 4. 5. 6. 7. 8. 9. 10. 11. 12. 13. 14. 15. 16. 17. 18.
Monat April.

Dok. 16

Verlustliste für den 18ten April. Erstürmung der Düppeler Schanzen.

Armee-Korps 2c.	Stäbe und Truppentheile.	Todt oder in Folge der Verwundung gestorben.			Verwundet.			Vermißt.			Summe.		
		Offiziere und Offizierdienstthuende.	Mannschaften.	Pferde.	Offiziere und Offizierdienstthuende.	Mannschaften.	Pferde.	Offiziere und Offizierdienstthuende.	Mannschaften.	Pferde.	Offiziere und Offizierdienstthuende.	Mannschaften.	Pferde.
Garde-Inf. Div.	3tes Garde-Regt. z. F.	—	8	—	—	18	—	—	—	—	—	26	—
	4tes Garde-Regt. z. F.	—	22	—	8	76	—	—	—	—	8	98	—
	3tes Garde-Gren. Regt. Königin Elisabeth . .	2	6	—	1	54	—	—	—	—	3	60	—
	4tes Garde-Gren. Regt. Königin	2	12	—	2	57	—	—	—	—	4	69	—
	4pfdge Batterie	—	1	1	—	1	2	—	—	—	—	2	3
	Summe	4	49	1	11	206	2	—	—	—	15	255	3
I. Korps 6. Inf. Div.	Div. Stab	—	—	—	1	—	—	—	—	—	1	—	—
11. Inf Brig.	Brandenb. Füs. Regt. Nr. 35	4	34	—	8	118	—	—	—	—	12	152	—
	7tes Brandenb. Inf. Regt. Nr. 60	1	17	—	2	77	—	—	7	—	3	101	—
12. Inf Brig.	4tes Brandenb. Inf. Regt. Nr. 24	—	8	—	4	54	—	—	—	—	4	62	—
	8tes Brandenb. Inf. Regt. Nr 64	—	15	—	4	52	—	—	3	—	4	70	—
Komb 10. Inf. Brig.	Brig. Stab	1	—	—	—	—	—	—	—	—	1	—	—
	Leib-Gren. Regt. (1stes Brandenb.) Nr. 8 . .	2	18	—	3	85	—	—	10	—	5	113	—
	1stes Posen. Inf. Regt. Nr. 18	2	37	—	9	83	—	—	5	—	11	125	—
	Brandenb. Jäg. Bat. Nr 3	—	1	—	—	—	—	—	—	—	—	1	—
	3te 12pfdge Fuß-Batt. Brandenb. Art. Brig. Nr. 3	—	—	—	—	2	—	—	—	—	—	2	—
	3te 6pfdge Fuß-Batt. Brandenb. Art. Brig. Nr. 3	—	1	3	—	—	1	—	—	—	—	1	4
	Brandenb. Pion. Bat. Nr. 3	—	8	—	1	17	—	—	—	—	1	25	—
	Summe d. 6. Inf. Div.	10	139	3	32	488	1	—	25	—	42	652	4

Armee-Korps 2c.	Stäbe und Truppentheile.	Todt oder in Folge der Verwundung gestorben. Offiziere und Offizierdienst thuende.	Mannschaften.	Pferde.	Verwundet. Offiziere und Offizierdienst thuende.	Mannschaften.	Pferde.	Vermißt. Offiziere und Offizierdienst thuende.	Mannschaften.	Pferde.	Summe. Offiziere und Offizierdienst thuende.	Mannschaften.	Pferde.
13. Inf. Div. 25. Inf. Brig.	1stes Westfäl. Inf. Regt. Nr. 13	1	9	—	—	30	—	—	—	—	1	39	—
	5tes Westfäl. Inf. Regt. Nr. 53	1	27	—	6	78	—	—	2	—	7	107	—
26. Inf. Brig.	6tes Westfäl. Inf. Regt. Nr. 55	—	10	—	3	32	—	—	—	—	3	42	—
	1ste 6pfdge Batt. Westfäl. Art. Brig. Nr. 7 .	—	—	—	—	1	—	—	—	—	—	1	—
	Westfäl. Pion. Bat. Nr. 7	1	12	—	2	13	—	—	—	—	3	25	—
	Summe d. 13. Inf. Div.	3	58	—	11	154	—	—	2	—	14	214	—
Res. Art. d. I. Korps	2te 12pfdge Batt. Brandenb. Art. Brig. Nr. 3	—	—	—	—	1	—	—	—	—	—	1	—
	2te 6pfdge Batt. Brandenb. Art. Brig. Nr. 3	—	—	—	—	1	1	—	—	—	—	1	1
	2te Haub. Batt. Brandenb. Art. Brig. Nr. 3	—	—	3	—	4	4	—	—	—	—	4	7
	Summe der Res. Art.	—	—	3	—	6	5	—	—	—	—	6	8
Fest. Art.	1ste Fest. Komp. d. Garde-Art. Brig.	—	—	—	—	1	—	—	—	—	—	1	—
	2te Fest. Komp. d. Garde-Art. Brig.	—	—	—	—	—	—	—	2	—	—	2	—
	Summe der Fest. Art.	—	—	—	—	1	—	—	2	—	—	3	—
	Garde-Inf. Div. . . .	4	49	1	11	206	2	—	—	—	15	255	3
	I. Korps	13	179	6	43	665	6	—	30	—	56	874	12
	Gesammtsumme der Verluste	17	246	7	54	855	8	—	29	—	71	1130	15

Da von Ew. Excellenz die Grenze des Herzogthums Schleswig überschritten, wird es erforderlich seyn, an den Chef Commandirenden der dänischen Truppen eine Anzeige davon zu richten. Den Wortlaut derselben haben des Königs Majestät in der anliegenden Fassung genehmigt, und zu befehlen geruht, daß Ew. Excellenz mit diesem Schreiben einen Officier in das dänische Hauptquartier senden welcher mündlich zu instruiren seyn würde, daß er sich in Erwartung der Antwort des dänischen Generals daselbst nur eine gewisse Stundenzahl (oder 12 nach Ew. Excellenz Ermessen) aufhält und alsdann mit oder ohne Antwort des dänischen Commandirenden zurückkehrt. Sobald Letzteres erfolgt ist, wird dem Ueberschreiten der Grenze und dem Beginn der militairischen Operationen —

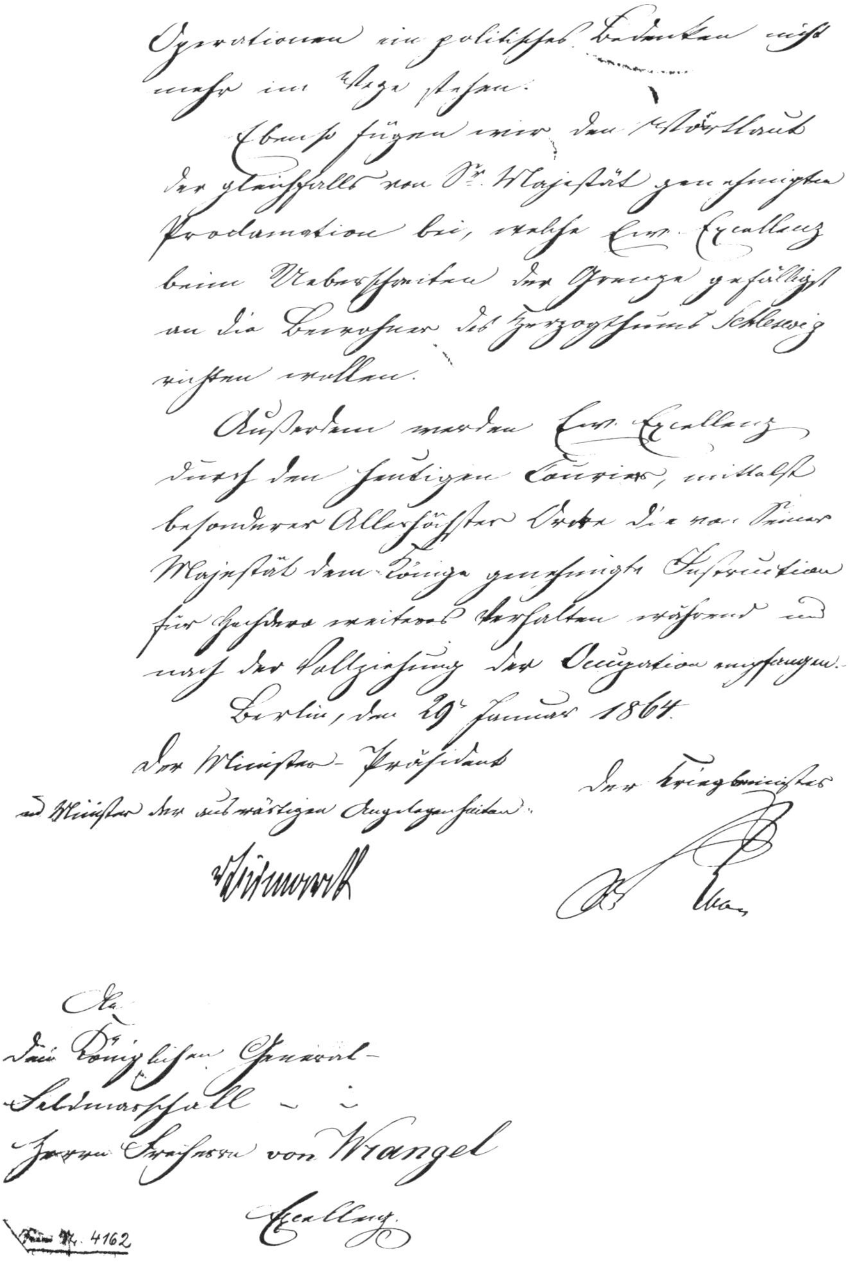

Operationen ein politisches Bedenken nicht mehr im Wege stehen.

Ebenso fügen wir den Wortlaut der gleichfalls von Sr. Majestät genehmigten Proclamation bei, welche Ew. Excellenz beim Ueberschreiten der Grenze gefälligst an die Bewohner des Herzogthums Schleswig richten wollen.

Außerdem werden Ew. Excellenz durch den heutigen Courier, mittelst besonderer Allerhöchster Ordre die von Seiner Majestät dem Könige genehmigte Instruction für Hochdero weiteres Verhalten während und nach der Vollziehung der Occupation empfangen.

Berlin, den 21. Januar 1864.

Der Minister-Präsident und Minister der auswärtigen Angelegenheiten

v. Bismarck

Der Kriegsminister

v. Roon

An
den Königlichen General-Feldmarschall –
Herrn Freiherrn von Wrangel
Excellenz.

Präs. Nr. 4162

Feldm. v. Wrangel soll dem dänischen Oberkommandierenden die Überschreitung der Grenze Schleswigs anzeigen. 21. 1. 1864

Dok. 18

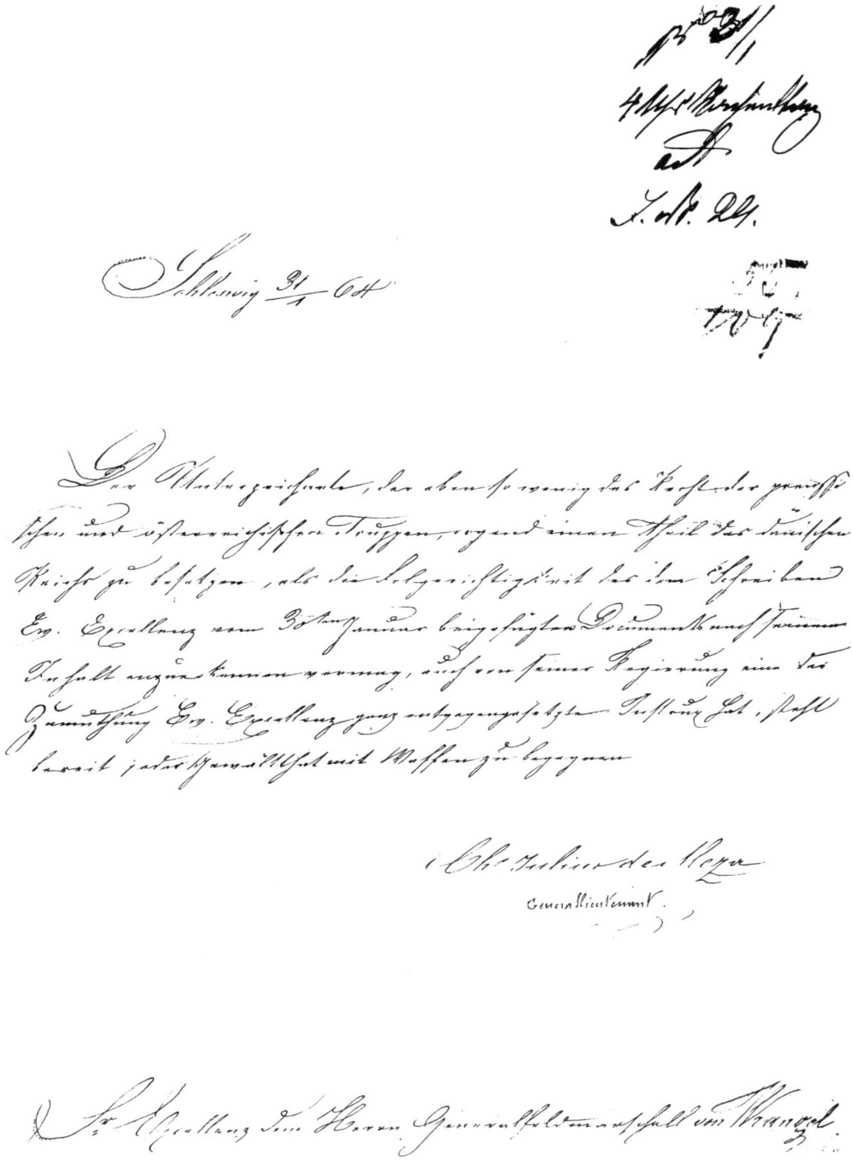
№ 31/1
4 Uhr Nachmittags
ad
J. № 24.

Schleswig 31/1 64

Der Unterzeichnete, der eben so wenig das Recht der preussischen und österreichischen Truppen, irgend einen Theil des dänischen Reichs zu besetzen, als die Folgerichtigkeit des dem Schreiben Ew. Excellenz vom 30ten Januar beigefügten Documents noch seinen Inhalt anzuerkennen vermag, auch von seiner Regierung eine der Zumuthung Ew. Excellenz ganz entgegengesetzte Instruktion hat, steht bereit jeder Gewaltthat mit Waffen zu begegnen

Chr. Julius de Meza
Generallieutenant.

Sr. Excellenz dem Herrn Generalfeldmarschall von Wrangel.

Antwort des dänischen Generals de Meza an v. Wrangel. 31. 1. 1864

B Die literarische »Bewältigung«

— eine zeitgenössische Geistesprobe —

Theodor Fontane

Der Tag von Düppel

(Ein Ehrentag der deutschen Militärmusik)

Still!
Vom achtzehnten April
Ein Liedlein ich singen will.
Vom achtzehnten — alle Wetter ja,
Das gab mal wieder ein Gloria!
Ein »achtzehnter« war es, voll und ganz,
Wie bei Fehrbellin und Belle-Alliance,
April oder Juni ist all einerlei,
Ein Sieg fällt immer in Monat Mai.

Um vier Uhr morgens der Donner begann!
In den Gräben standen sechstausend Mann,
Und über sie hin sechs Stunden lang
Nahmen die Kugeln ihren Gang.
Da war es zehn Uhr. Nun alles still,
Durch die reihen ging es: »Wie Gott will!«
Und vorgebeugt zu Sturm und Stoß
Brach das preußische Wetter los.

Sechs Kolonnen. Ist das ein Tritt!
Der Sturmmarsch flügelt ihren Schritt;
Der Sturmmarsch — ja tief in den Trancheen
Dreihundert Spielleut' im Schlamme stehn.
Eine Kugel schlägt ein, der Schlamm spritzt um,
Alle dreihundert werden stumm —
»Vorwärts!« donnert der Dirigent,
Kapellmeister Piefke vom Leibregiment.

Und »vorwärts« spielt die Musika,
Und »vorwärts« klingt der Preußen Hurra;
Sie fliegen über dei Ebene hin,
Wer sich besänne, hätt's nicht Gewinn:
Sie springen, sie klettern, ihr Schritt wird Lauf
Feldwebel Probst, er ist hinauf!

Er steht, der erst' auf dem Schanzenrück',
Eine Kugel bricht ihm den Arm in Stück:
Er nimmt die Fahn' in die linke Hand
Und stößt sie fest in Kies und Sand.
Da trifft's ihn zum zweiten; er wankt, er fällt:
»Leb' wohl, o Braut! Leb' wohl, o Welt!«

Rache! — Sie haben sich festgesetzt,
Der Däne wehrt sich bis zuletzt.
Das macht, hier ficht ein junger Leu,
Der Leutnant Anker von Schanze zwei.
Da donnert's: »Ergib dich, tapfres Blut,
Ich heiße Schneider, und damit gut!«
Der preußische Schneider, meiner Treu,
Brach den dänischen Anker entzwei.

Und weiter — die Schanze hinein, hinaus
Weht der Sturm mit Saus und Braus,
Die Stürmer von andern Schanzen her
Schließen sich an, immer mehr, immer mehr,
Sie fallen tot, sie fallen wund —
Ein Häuflein steht am Alsensund.

Palisaden starren die Stürmenden an,
Sie stutzen; wer ist der rechte Mann?
Da springt von achten einer vor:
»Ich heiße Klinke, ich öffne das Tor!«
Und er reißt von der Schulter den Pulversack,
Schwamm drauf, als wär's eine Pfeif' Tabak.
Ein Blitz, ein Krach — der Weg ist frei —
Gott seiner Seele gnädig sei!
Solchen Klinken für und für
Öffnet Gott selber die Himmelstür.

Sieg donnert's. Weinend die Sieger stehn.
Da steigt es heraus aus dem Schlamm der Trancheen.
Dreihundert sind es, dreihundert Mann,
Wer anders als Piefke führet sie an?
Sie spielen und blasen, das ist eine Lust,
Mit jubeln die nächsten aus voller Brust,
Und das ganze Heer, es stimmt mit ein,
Und darüber Lerchen und Sonnenschein.

Von Schanze eins bis Schanze sechs
Ist alles deine, Wilhelmus Rex;
Von Schanze eins bis Schanze zehn,
König Wilhelm, deine Banner wehn.
Grüß euch, ihr Schanzen am Alsener Sund,
Ihr machtet das Herz uns wieder gesund! —
Und durch die Lande, drauß' und daheim,
Fliegt wieder hin ein süßer Reim:
»Die Preußen sind die alten noch,
Du Tag von Düppel lebe hoch!«

Theodor Storm

»Die Gräber in Schleswig«

Nicht Kranz, noch Kreuz, das Unkraut wuchert tief;
Denn die der Tod bei Idstedt einst entboten,
Hier schlafen sie, und deutsche Ehre schlief
Hier dreizehn Jahre lang bei diesen Toten.

Und dreizehn Jahre litten jung und alt,
Was leben blieb, des kleinen Feindes Tücken,
Und konnte nichts, als, stumm die Faust geballt,
Den Schrei des Zorns in ihrer Brust ersticken.

Die Schmach ist aus; der eh'rne Würfel fällt!
Jetzt oder nie! Erfüllet sind die Zeiten,
Des Dänenkönigs Totenglocke gellt;
Mir klinget es wie Osterglockenläuten!

Harro Harring

»Der Hufschmied«

Wenn ich an der Esse steh'
Und das Eisen glühen seh',
Möcht' ich immer Waffen machen,
Denn was nützen andre Sachen,
Wenn wir ohne Vaterland
Untergehn in Schimpf und Schand'.

Refrain:
Wer sich zum deutschen Volk bekennt,
Für Vaterland und Freiheit brennt,
Und wer dei Waffen führen kann,
Der schaff' sich eiligst Waffen an.

Klaus Groth

Widmungsgedicht zur Überreichung einer großen seidenen schleswig-holsteinischen Fahne

Auf, Landesfahne, zeige dich!
Vorüber ist die Zeit der Buße!
Auf, nimm sie, Herzog Friederich,
Von Frauen Kiels zum Neujahrsgruße.

Wir Frauen hoffen stets auf Sieg
Des guten Rechts, des alten, wahren;
Doch muß es sein, dann auch zum Krieg
Sei dies die Fahne Deiner Scharen.

Und »Schleswig-Holstein stammverwandt«
Wird's freudig schallen durch die Gauen,
Und Mann für Mann, das ganze Land
Auf dich und diese Fahne schauen.

Und Gott vom Himmel sieht darein.
Und schützet Dich und unsre Rechte:
Wir wollen keine Dänen sein
Und keines fremden Volkes Knechte.

Ja, Gott vom Himmel, Deine Hand,
Die mächtig ist in allen Reichen,
Hat uns den Herzog hergesandt,
Nun segne ihn und diese Zeichen!

»Die ersten Drei«

Es donnert gegen Missunde;
Da fiel der erste Schlag.
Drei Offiziere fielen
Am ersten Kampfestag,
Von jeder Waffe einer
Am zweiten Februar,
Und von den dreien keiner
War über dreißig Jahr.

Da war der Graf von Groeben
Vom Ziet'schen Regiment,
Das jeder gute Preuße
Mit hohem Stolze nennt.
Der junge Graf von Groeben,
Uralt' Soldatenblut.
Die Groeben wissen's alle,
Wie wohl solch' Sterben tut.

Der zweite, Leutnant Kipping,
Der brave Artillerist,
Allhier für seinen König
So jung gestorben ist.
Der junge Leutnant Kipping,
Des märkischen Predigers Sohn,
Empfing den Lohn der Treue
Nun schon vor Gottes Thron.

Der letzte von den dreien
War Leutnant Hagemann.
Die Vierundzwanziger führte
Der junge Degen an.
Heil ihm, wer so kann sterben!
Doch trauern still um ihn
Viel' treue Soldatenherzen
Vom »Großherzog Schwerin«

Es donnert gegen Missunde;
Da fiel der erste Schlag.
Drei Offiziere fielen
Am ersten Kampfestag,
Von jeder Waffe einer
Am zweiten Februar,
Und von den dreien keiner
War über dreißig Jahr.

Neuner Jäger

Bis auf die Knie im Schnee,
Dös war bei Översee,
Hat Vater Gablenz g'sagt:
Legt's die Thornister ab
Und nehmt's mir 'n Wald auf der Höh'!
Enk Jager kenn i' eh,
Und steckt der Teufel drein,
Ihr kommt's hinein, juchhe!
Seid's ja von Nummer Neun.

In oaner Stund war's g'scheg'n,
Viel Leut' sein schon da g'leg'n,
Belgianer, Jager durcheinand',
Alle aus dem Steirerland.
Und weil ihnen d' G'wehr versag'n,
Haben's mit die Kolben dreing'schlag'n,
Und so wird's immer sein,
Bei Nummer Neun, juchhe!
Bei d' Jager Nummer Neun.

Emanuel Geibel

»Lied von Düppel«

Was klingt in den Städten
Wie helles Festgeläut?
Wie Pauken und Drommeten,
Was jubeln sie heut?
Was brausen und jagen
Die Wasser der Schlei? —
Der Feind ist geschlagen
Und Schleswig ist frei.

Bei Düppel dort am Meere,
Vor Alsen am Sund,
Da rangen die Heere
Auf blutgetränktem Grund;
Da galts auf die Schanzen
Im Siegessturmgewog
Den Adler zu pflanzen
Anstatt des Dannebrog.

Von Kugeln umsungen,
Vom heißen Tod umkracht,
Die märkischen Jungen,
Wie stritten sie mit Macht;
Wie lernten sie das Steigen
Auf schlüpfriger Bahn!
Es ging wie im Reigen,
Der Beeren war voran.

Wohl mancher der Braven
Sank mit ihm in den Sand;
Du fielst, o tapfrer Raven,
Das Schwert in der Hand,
Und du am Pulverfasse,
Getreuer Winkelried,
Der Klinkeschen Gasse
Gedenkt noch manch Lied.

Doch als auf den Wällen
Nun flog das Siegspanier,
Da bliesen die Gesellen:
»Herr Gott, dich loben wir!«
Das hat sich erschwungen
Wie Abels Oferbrand,
Das ist hinausgeklungen
Bis tief ins deutsche Land.

Im sonnigen Meere
Umspiegelt sich aufs Neu'
Die preußische Ehre,
Die alte deutsche Treu';
Und war sie geschändet,
Wie strahlt sie doppelt rein!
Und habt ihr sie verpfändet,
Ihr löstet sie ein.

Ihr Meister der Staaten,
Und geht ihr nun und tagt,
So woll' euch Gott beraten,
Auf daß ihr nicht zagt.
Sprecht: »Nichts von vertragen!
Nun bleibt es dabei:
Der Feind ist geschlagen,
Und Schleswig ist frei!«

Karl v. Alsen

Schmett're, du Siegessang,
Täler und Höh'n entlang!
Alsen ist frei!
Wälze dich, Sturmakkord,
Jubelnd von Ort zu Ort
Donnernd und brausend fort:
Alsen ist frei!

Georg Hesekiel

»Alsen unser«

Prinz Friedrich Karl, der preußische Held,
Um Mitternacht reitet auf Düppels Feld,
Des Rosses Mähnen im Nachtwind weh'n,
Prinz Friedrich Karl — auf Schanze Zehn!

Und ihre Dämmer wob schweigend die Nacht,
Die Preußen rückten heran mit Macht,
Am Strand der kühne Führer hält,
General Herwarth von Bittenfeld.

Und als gekommen der leuchtende Tag,
Da war gelungen der große Schlag;
Das Meer war tief, sie setzten's durch, —
Hurra! Westfalen und Brandenburg!

Das Meer war tief, doch dunkel die Nacht,
Die Schanze war fest und der Däne wacht —
Alsen ist unser! Sie setzten's durch, —
Hurra! Westfalen und Brandenburg!

Wilhelm Petsch

Die Sonne stand hoch, schon war es zwei,
Da hieß es endlich: »Alsen ist frei!«
Es stand an dem Höruphaff entlang
Die tapfere Schar, die den Sieg erzwang.
Da blies die Musik mit einem Mal
Die schönsten Märsche im duft'gen Tal.
Das war ene Stund', die niemand vergißt,
Der mit auf Alsen gewesen ist.
Die Regimenter zogen nach Haus,
Geendet war der glorreiche Strauß.
Stolz trug bei jedem Zuge ein Mann
Den erbeuteten Danebrog voran,
Und mancher prunkte im Sonnenglanz

Mit der großen Flasche des Hannemanns.
Wer die Helden gesehn nach der heißen Schlacht,
Der hat sich gefreut und hat gelacht.
Mit den Hosen, durchnäßt vom Alsensund,
Ging's eiligst durch Hecken und sandigen Grund,
Dem einen das Knie durch die Hose blitzt,
Dem hat ein Dorn sie ganz aufgeschlitzt,
Dem dritten, dem fehlt der Boden gar —
So schreitet vorüber die tapfere Schar;
So schreitet sie jubelnd bei klingendem Spiel,
Und denkt: »Was liegt an den Hosen so viel?
Das Vaterland hat ja der Hosen mehr,
Und liefert sie gern für sein siegreiches Heer!«
Wir zogen mit lautem, klingendem Spiel
Durch Sonderburg hin, das in Schutt zerfiel,
Durch die schöne, freundliche, reizende Stadt,
Die so schwer, so unendlich gelitten hat.
Die Straßen sind öde, die Häuser leer —
Mir wurde um's Herz so trüb und schwer,
Doch als ich ruhte unten am Strand,
Wo ich genüber oft Posten stand,
Als hier aus dem alten, festen Schloß
Uns Preußen drohte so manches Geschoß, —
Da zog durch mein Herz ein süßer Klang,
Mit dem ich schließe den schlichten Gesang:
»Es zeigen die Söhne der sandigen Mark,
Dem Herzen Preußens, sich kühn und stark.
Gewiß, sie zeigten auf Alsen heut,
Daß leicht sich der Tag von Düppel erneut,
Daß Preußen, wie sich auch Wetter nah'n,
Noch immer wandelt die alte Bahn,
Die uns durch stürmische Zeit dahin führt,
Wo Preußens Zukunft der Platz gebührt.
Einst stimmt ein jeder mit Freuden ein:
Es ist ein Glück, ein Preuße zu sein!«

Hofrat Dr. Rudolf Gottschall

»Dank Schleswig-Holsteins an Österreich und Preußen«

Wir klagten lang, getrennt vom Vaterlande,
Doch eins mit ihm in unsers Herzen Schlag.
Un willig trugen wir die fremden Bande,
Sehnsüchtig harrend auf der Freiheit Tag.
Versunken lag der Deutschen Macht und Ehre
Im Ottensund mit ihres Kaisers Speere.

Wir klagten lang; ein kalter Hauch von Norden
Hatt' jäh entblättert unsrer Eichen Pracht.
Die Wipfel waren kahl und stumm geworden,
Das Lied erstarb in sternenleerer Nacht.
Wir hörten nur in dumpfer Wogen Rollen
Das Herrschervolk am stolzen Sunde grollen.

Da rauscht es plötzlich wie mit Adlerflügeln.
Nicht Wort, nicht Lied, es flammt des Schwertes Blitz
Vom Horst der Alpen zu den Buchenhügeln,
Ans Seegestad' von Friedrichs Herrschersitz.
Und ehern zieht auf offnen Siegesbahnen
Die Tat einher vor den vereinten Fahnen.

Du Doppelaar! mit stolzem Flügelschlage
Sprühst du dem Feind den Tod ins Angesicht.
Die Dänen stehn ein Wall am heißen Tage;
Der Knechtschaft Wall, ihr Danewerk, zerbricht.
Sie fliehn! Mit Winterstürmen um die Wette
Bedrängt die Flucht der Sturm der Bajonette.

Doch Friedrichs Aar schwebt über Düppels Hügeln.
Da braust der Kampf, da sinkt der Danebrog!
Und immer weiter auf des Sieges Flügeln!
Da hemmt kein Wall und nicht des Meers Gewog.
Ins Boot! Den Cäsar trägts mit seinem Glücke!
Der Sund gehorcht, es wird die Flut zur Brücke.

Und tönt es nicht wie Klang versunkner Glocken?
Rauscht nicht der Meergebieterin Panier?
Jetzt sei der Schilfkranz aus Binetas Locken
Der neuen Flagge hoffnungsgrüne Zier!
Nicht mehr den Dreizack kann der Däne wahren,
Dies Meer gehört dem Reich und Preußens Aaren!

Hoch Österreich, das sieg- und ehrenreiche!
Hoch Preußen, das der Zukunft Banner schwingt!
Des Ostens Buchten und des Westens Deiche,
Und Nord und Süd, die jetzt ein Band umschlingt,
Das ganze Land jauchzt dankend den Befreiern,
Geschmückt den Auferstehungstag zu feiern.

Wir klagten lang. — Jetzt enden unsre Klagen,
Der deutsche Geist ist frei von schwerer Haft.
Jetzt kann die Eiche wieder Wurzeln schlagen
Im heimatlichen Boden ihrer Kraft:
Und alle Blüten, die zum Lichte dringen,
Sie mögen sich in Euern Lorbeer schlingen!

C Karten

(als Beilagen hinten im Buch)

D Skizzen

1. Stellung der Verbündeten am 1. Februar abends
2. Rückzug der Dänen von den Danewerken in der Nacht vom 5. zum 6. Februar 1864
3. Stellung des I. Korps am 12. und 24. Februar 1864
4. Erkundungsgefecht vor Düppel am 22. Februar 1864
5. Gefecht bei Düppel am 28. März 1864
6. Verteilung der Preußischen Einschließungstruppen vor Düppel am 29. März 1864
7. Aufstellung der Preußischen und Dänischen Streitkräfte bei Düppel am 18. April 1864

Der Autor

Winfried Vogel, Jahrgang 1937, Brigadegeneral der Bundeswehr, wurde 1956 Soldat. Seit seiner Ernennung zum Offizier war der Autor in wechselnden Stabs- und Truppenverwendungen eingesetzt.

Truppendienst als stellvertretender BrigKdr bei der 1. Gebirgsdivision, später Kommandeur PzBrig 29 in Sigmaringen. Verwendungen in der Leitung des Bundesministeriums der Verteidigung sowie als Referent auf dem Gebiet Innere Führung, Staatsbürgerliche Bildung nutzten seine historischen und politischen Kenntnisse und Erfahrungen.

Seine Hobbies: Segeln, Bergsteigen, Literaturwissenschaft und Geschichte. Schwerpunkte seiner zahlreichen historischen Studien, Aufsätze und Vorträge liegen in der Geschichte der Römischen Kaiserzeit und des 19. Jahrhunderts.

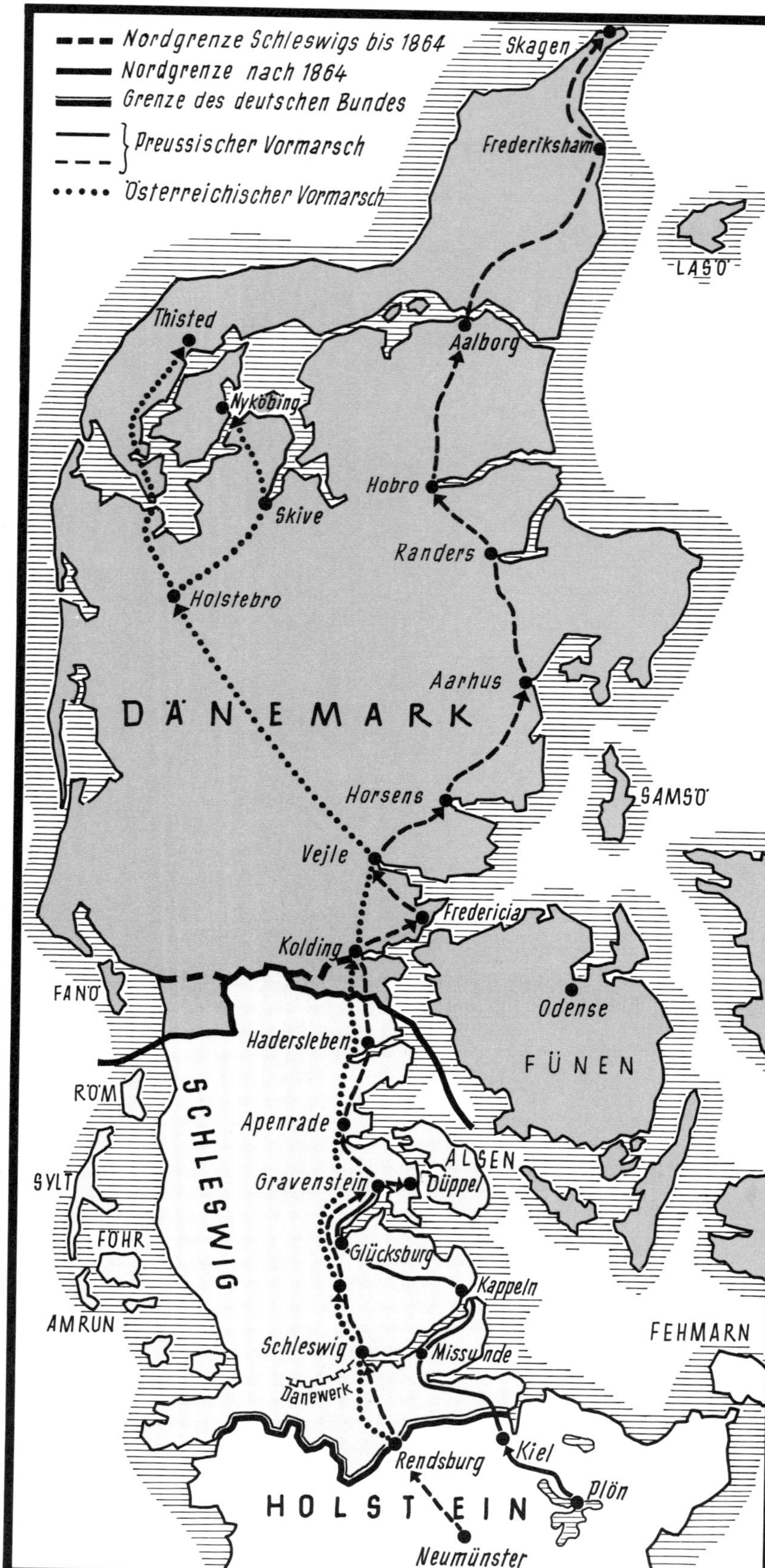

Nordgrenze Schleswigs bis 1864
Nordgrenze nach 1864
Grenze des deutschen Bundes
Preussischer Vormarsch
Österreichischer Vormarsch
Skagen
Frederikshavn
LASÖ
Thisted
Aalborg
Nyköbing
Hobro
Skive
Randers
Holstebro
Aarhus
DÄNEMARK
Horsens
SAMSÖ
Vejle
Fredericia
Kolding
FANÖ
Odense
Hadersleben
FÜNEN
RÖM
SCHLESWIG
Apenrade
ALSEN
SYLT
Gravenstein
Düppel
FÖHR
Glücksburg
Kappeln
AMRUN
FEHMARN
Schleswig
Missunde
Danewerk
Kiel
Rendsburg
Plön
HOLSTEIN
Neumünster